出纳实务技能即学即会

索晓辉 ⊙ 编著

中国市场出版社
China Market Press

图书在版编目(CIP)数据

出纳实务技能即学即会/索晓辉编著.—北京:
中国市场出版社,2014.1

ISBN 978-7-5092-1161-8

Ⅰ.①出… Ⅱ.①索… Ⅲ.①出纳-会计实务-基本
知识 Ⅳ.①F233

中国版本图书馆CIP数据核字(2013)第269049号

出版发行:中国市场出版社

社　　址:北京月坛北小街2号院3号楼　**邮政编码**:100837

出版发行:编 辑 部(010)68034190　读者服务部(010)68022950

发 行 部(010)68021338　68020340　68053489

68024335　68033577　68033539

总 编 室(010)68020336

盗版举报(010)68020336

邮　　箱:1252625925@qq.com

经　　销:新华书店

印　　刷:北京彩虹伟业印刷有限公司

规　　格:170mm×240mm　16开本　**版　　次**:2014年1月第1版

印　　张:14　**印　　次**:2014年1月第1次印刷

字　　数:210千字　**定　　价**:39.00元

前　言

出纳，顾名思义，出即支出，纳即收入。出纳工作是管理货币资金、票据等进进出出的一项工作。对于出纳，很多人常常有误解，认为出纳工作简单轻松。殊不知，出纳处在企业经济活动的最前端，直接影响着企业的经营运转。不仅如此，出纳是三分动手、七分动脑的工作，并不如想象的得心应手，实践中大量的财务差错或事故，都出在出纳这一环节。由此可知，出纳的工作对企业的运营至关重要。

随着企业的数量越来越多，对出纳人员的需求也越来越大。在没有经验丰富的"老出纳"指点的情况下，如何迅速提高出纳人员的水平呢？本书正是为帮助出纳新手快速步入工作轨道而编写的，在编写时充分体现了可读性、简易性和可操作性的特点。

本书全面介绍了出纳的工作要求和内容，包括出纳的职责与要求、业务技能、记账方法、凭证业务、账簿业务、现金与银行存款的管理、票据结算、税收业务、外汇管理业务、出纳的纠错及交接工作等等。采用问答形式，从出纳工作常见问题入手，对问题加以阐释，必要时还选用了典型案例对重点问题作进一步的阐释说明。在选材上注重实用性和可操作性。读者可以把本书作为走近出纳的启蒙书，系统地学习出纳知识；也可以把它作为工作过程中的良师益友，随时为自己查疑解难。

对本书的编写尽管我们已经付出了很大努力，但由于水平有限，时间紧迫，不周之处在所难免，希望大家谅解。我们的邮箱是 suoxh@126.com，欢迎大家联系，我们一定竭诚为您解答。

最后，对一贯支持我们的广大读者朋友和对本书的出版作出努力的朋友一并表示感谢。

作　者

目　录

第一章　出纳基础知识

第一节　出纳入门基础

1. 什么是出纳？

在“出纳”一词中，出即支出的意思，纳则是收入的意思，这两个字合二为一则表明了出纳业务的核心要义：货币资金的收入与支出。一般而言，“出纳”一词有三层含义：一是出纳业务，二是出纳工作，三是指出纳人员。

出纳业务是指按照有关规定和制度，办理本单位的现金收付、银行结算及有关账务，保管库存现金、有价证券、财务印章及有关票据等工作的总称。出纳工作从广义上讲，既包括各单位会计部门专设出纳机构的各项票据、货币资金、有价证券收付业务的处理、整理、保管、核算等各项工作，也包括各单位业务部门的货币资金收付、保管等工作；从狭义上讲，仅指各单位会计部门专设出纳岗位或人员的各项工作。出纳人员从广义上讲，既包括会计部门的出纳工作人员，也包括业务部门的各类收款员（收银员）、工资发放员（专职或兼职）等；从狭义上讲，仅指单位会计部门从事资金收付和核算工作的出纳人员。一般情况下所称的出纳人员指的是狭义的出纳人员。

2. 出纳工作有哪些特点？

出纳工作具有如下特点：

(1)复杂性。出纳工作主要核算与管理企业、事业单位流动资产中的货币性资产,具体包括现金、银行存款、有价证券等。而现金、银行存款业务在企业经营活动中经常性发生,因此,出纳人员需要做好记录、核算工作。现金日记账每天结出余额,并与库存现金进行核对;银行存款日记账要每天或定期结出余额并与银行对账单核对,月末必须按照规定时限结账。出纳人员还要每日或经常往返于企业、银行之间,提款、存取票据和单据,以保证企业经营活动需要。

(2)专业性。就目前的现实来看,各企业、事业单位的出纳人员职位不高、权力不大,但就出纳的职责权限而言,对企业的发展具有举足轻重的作用。首先,货币资金、有价证券是很多企业的核心资产,如果发生损失,将直接影响到企业的生存。另外,出纳工作是一项政策性很强的工作,其工作的每一环节都必须依照国家规定进行,出纳人员不掌握这些政策法规,就做不好出纳工作;不按这些政策法规办事,就违反了财经纪律。因此,出纳人员应具备良好的职业道德和相应的专业胜任能力。

(3)细致性。由于出纳工作是会计的基础工作,是会计工作的基本环节,要使会计工作正常、有序就要求出纳人员在具有较强责任心的基础上,工作要认真细致,避免因工作的疏漏而影响企业资金周转、使用。

3. 出纳人员应具备哪些基本职业素质与能力?

出纳人员应该拥有会计从业资格证方可任职。由于出纳工作对于公司的重要性,出纳人员应具备一定的基本职业素质和能力,具体如下:

(1)诚实守信。诚实守信是会计职业道德的重要内容,诚实守信要求每一位出纳人员实事求是,不弄虚作假,不欺上瞒下,认真负责做好本职工作。

(2)爱岗敬业。出纳人员应将学到的专业技术理论转化为能力技巧,通过实践,反复操练,了解新政策新情况,在工作中探索、总结经验,不断提高业务素质水平。

(3)坚持准则依法办事。出纳人员应该熟悉相关法律以及财经法规、国家统一的会计制度,在处理各项业务时知法依法,严格按照准则的规定处理经济业务,并敢于同各种违法违纪行为作斗争。

(4)客观公正。客观公正是出纳人员道德的核心,是会计工作的职责。出纳人员在工作中应当实事求是,客观公正。要具备一定的独立性,不能因为人情以及关系损害会计工作的公正。

(5)提高从业能力。出纳工作具有一定的专业性,出纳人员应该不断学习,提高自己相关的职业能力,不断提高业务素质。

4. 出纳工作有哪些职能?

简而言之,出纳的职能也就是可能产生的作用,总的来讲,出纳工作的职能可概括为收付、反映、监督、管理四个方面。

(1)收付职能。顾名思义,出即支出,纳即收入,出纳的最基本职能是收付职能。企业的基本经营活动之一就是货物价款、往来款项的收付以及各种有价证券、金融业务往来的办理,这些活动都必须经过出纳人员之手,是出纳工作的首要职能。

(2)反映职能。即利用统一的货币计量单位,通过其特有的日记账、各种明细分类账,对本单位的货币资金和有价证券进行详细记录与核算,从而为经济管理和投资决策提供完整、系统的经济信息。出纳反映工作要求细化到以日为会计核算期,出纳人员应认真管理好日记账,保证每天及时、准确上报相关重要会计信息。

(3)监督职能。出纳不仅要对本单位的货币资金和有价证券进行详细记录与核算,为经济管理和投资决策提供所需的完整、系统的经济信息,还要对企业的各种经济业务,特别是货币资金收付业务的合法性、合理性和有效性进行全过程的监督。

(4)管理职能。主要包括对货币资金与有价证券进行保管,对银行存款和各种票据进行管理,对企业资金使用效益进行分析研究,为企业投资决策提供金融信息,甚至直接参与企业的方案评估、投资效益预测分析等也是出纳的职责所在。

5. 出纳工作包括哪些具体内容?

鉴于出纳工作的职能,出纳人员的工作内容和任务主要包括货币资金核算、往来结算、工资核算、货币资金收支的监督等,见图 1-1。

图 1-1 出纳工作的内容

(1)货币资金的收支与记录。

出纳的货币资金管理工作主要包括两个方面:一是日常货币资金收支业务的办理;二是上述收支业务的账务核算。日常收支业务包括现金的收支;银行存款结算业务的办理;负责保管库存现金、各种有价证券、支票、结算凭证、空白收据和有关印章;发票的开具;其他与货币资金有关的事宜。收支业务的账务核算包括现金及银行存款有关的记账凭证的编制;现金日记账、银行存款日记账、发票领用登记簿及其他与货币资金相关的备查簿的登记;出纳日报表、银行存款余额调节表的编制等。

具体而言,本项工作内容主要包括以下六个方面:

①做好现金收付的核算并进行严格审核。

②做好银行存款的收付核算。

③认真登记日记账,保证日清月结。

④保管库存现金,保管有价证券。

⑤保管有关印章,登记注销支票。

⑥复核收入凭证,办理销售结算。

(2)往来结算。

①办理企业与内、外部单位和职工之间的款项结算,建立清算制度。

②管理企业的备用金,加强管理,及时清算。

③核算其他购销业务以外的往来款项结算,防止坏账损失。

(3)工资核算。

①执行工资计划,监督工资使用。

②审核工资单据,发放工资奖金,办理代扣款项(如五险一金),计算实发工资。

(4)货币资金收支的监督。

货币资金收支过程中会面临很多消极因素,为了保证货币资金收支的安全,必须对其实施有效的监督。出纳监督是依据国家有关的法律法规和企业的规章制度,在维护财经纪律、执行会计制度的工作权限内,坚决抵制不合法的收支和弄虚作假的行为。

6. 出纳人员有哪些权限?

根据《会计法》、《会计基础工作规范》等财会法律法规,出纳人员具有以下权限(见图1-2)。

(1)维护财经纪律,执行财会制度,抵制不合法的收支和弄虚作假行为。

《会计法》是我国会计工作的根本大法,是包括出纳人员在内的会计人员必须遵循的重要法律。《会计法》对会计人员如何维护财经纪律提出具体

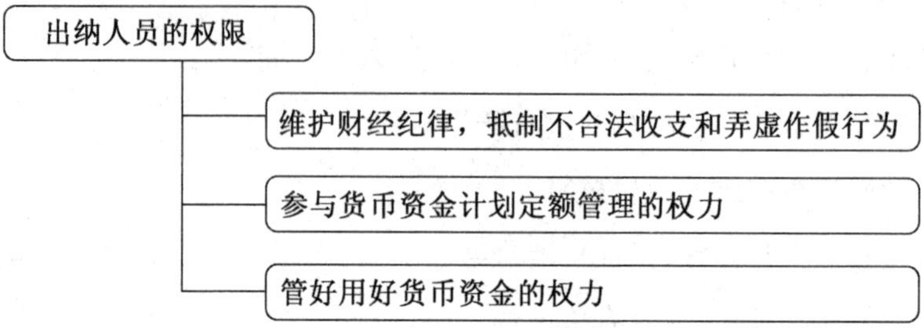

图 1-2　出纳员的权限

规定,为出纳人员实行会计监督、维护财经纪律提供了法律保障。出纳人员应认真学习、领会、贯彻,为维护财经纪律、抵制不正之风做出贡献。

(2)参与货币资金计划定额管理的权力。

现金管理制度和银行结算制度是出纳人员开展工作必须遵照执行的法规,而执行这些法规,实际上是赋予了出纳人员对货币资金管理的职权。如加强现金管理,要求各单位的库存现金必须限制在一定的范围内,多余的要按规定送存银行,这便为银行部门利用社会资金进行有计划放款提供了资金基础。因此,出纳工作不是简单的货币资金的收付,其工作的意义只有和许多方面的工作联系起来才能体会到。

(3)管好用好货币资金的权力。

出纳工作每天和货币资金打交道,单位的一切货币资金往来都与出纳工作紧密相联,货币资金的来龙去脉,周转速度的快慢,出纳人员都清清楚楚。因此,提出合理安排利用资金的意见和建议,及时提供货币资金使用与周转信息是出纳人员义不容辞的责任。出纳人员应抛弃被动工作观念,树立主动参与意识,把出纳工作放到整个会计工作、经济管理工作的大范围中,发挥好出纳人员的作用。

7. 出纳人员在日常工作中应注意哪些事项?

出纳是一项与金钱密切相关的特殊职业,其日常工作中的不良行为将成为任职单位的隐患,所以出纳人员应形成良好的行为习惯,具体包括以下几点：

(1)细致入微，反复核对。

(2)收支计算准确。出纳人员在办理收付业务时应细心，计算准确并多次核算。

(3)钱款当面核清。出纳人员在办理收付业务时应要求相关人员当面点清金额，并确定无假钞后方可离开。

(4)票据存放有序。在日常的财务工作中，涉及大量的票据，合理存放票据能够保证业务的有序进行，同时可以提高工作效率。

(5)保管现金安全。注意现金存放的安全，放在单位过夜的现金不得超过限额，不得将现金擅自带回家中，不得擅自挪用，不得将个人资金与单位资金存放在一起。

(6)注意票据及印章的安全。出纳人员日常工作中涉及的票据有很多，如现金支票、转账支票、汇票、税务发票等等，应对这些票据妥善保管，定期清查核对。对于工作中涉及的印章应保管好，不得随意外带，应按规定的审批权限使用。

(7)保守秘密。出纳人员在执行业务过程中对直接或间接所熟悉的有关企业和国家的商业秘密和国家秘密进行保密，不得传播或使他人知晓。出纳人员应该做到：不该问的不问，不该说的不说，不泄露公司机密，未经批准不得私自将有关票据提供给他人查阅。

8. 出纳工作有哪些回避要求？

由于出纳工作的特殊性，特定人员需要回避。《会计基础工作规范》第十六条规定：

国家机关、国有企业、事业单位任用会计人员应当实行回避制度。

单位领导人的直系亲属不得担任本单位的会计机构负责人、会计主管人员。会计机构负责人、会计主管人员的直系亲属不得在本单位会计机构中担任出纳工作。

需要回避的直系亲属为：夫妻关系、直系血亲关系、三代以内旁系血亲以及配偶关系。

9. 企业如何设置出纳工作岗位?

各个企业的实际情况不同,出纳工作的组织内容也不尽相同,但无论哪一种形式,一般都要设置合理的出纳机构,配备必要的出纳人员,并建立各种内部工作职责与制度等。

出纳机构一般设置在会计机构内部,如各企事业单位财会科、财会处内部设置专门处理出纳业务的出纳组、出纳室。《会计法》第三十六条规定:各单位应当根据会计业务的需要,设置会计机构,或者在有关机构中设置会计人员并指定会计主管人员;不具备设置条件的,应当委托经批准设立从事会计代理记账业务的中介机构代理记账。

会计法对各单位会计、出纳机构与人员的设置并没有硬性规定,而是由企业根据自身情况和实际需要来设定。因此企业应结合自身经济活动的规模、特点、业务量的大小等进行机构设置和人员配置。以工业企业为例,大型企业可在财务处下设出纳科,中型企业可在财务科下设出纳室,小型企业可在财务股下配备专职出纳员。有些主管公司,为了资金的有效管理和总体利用效益,把若干分公司的出纳业务(或部分出纳业务)集中起来办理,成立专门的内部"结算中心",这种"结算中心"实际上也是出纳机构。

10. 出纳与会计的联系与区别是什么?

在单位的财务工作中,会计与出纳是互相不可或缺的职业搭档,两者之间既有紧密的联系,又有明显的区别。两者的联系与区别主要体现在以下几方面(见图1-3)。

(1)各有各的分工。会计主要负责企业经济业务的核算,通过对企业经济活动的纪录,为企业的经济管理和经营决策提供所需要的核算资料;出纳则分管企业票据、货币资金,以及有价证券等的收付、保管、核算工作,为企业经济管理和经营决策提供各种金融信息。

(2)既互相依赖又互相牵制。出纳、会计之间,有着很强的依赖性。其

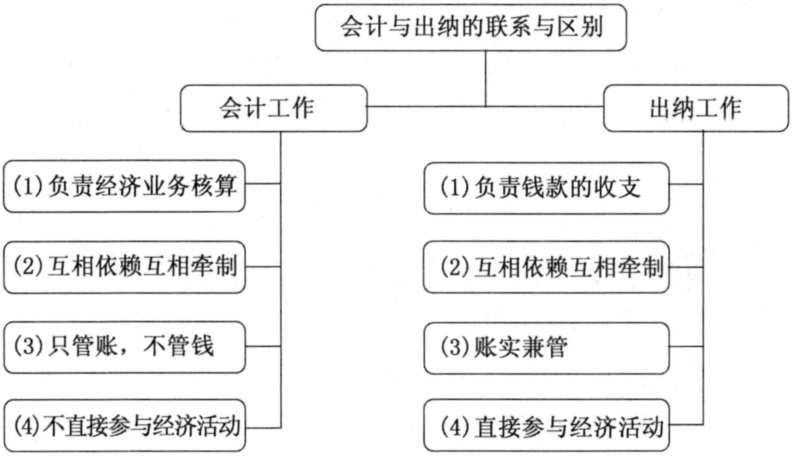

图 1-3　会计与出纳的联系和区别

核算的依据是相同的,都是会计原始凭证和会计记账凭证。这些作为记账凭据的会计凭证必须在出纳、会计之间按照一定的顺序传递,他们相互利用对方的核算资料,共同完成会计任务,缺一不可。

同时,会计与出纳之间又互相牵制与控制。出纳的现金和银行存款日记账与会计的现金和银行存款总分类账,有金额上的核对关系。这样,出纳、会计两者之间就构成了相互牵制与控制的关系,二者之间必须相互核对保持一致。

(3)出纳工作是一种账实兼管的工作,而会计主要是管账。出纳工作,主要是现金、银行存款和各种有价证券的收支与结存核算,以及现金、有价证券的保管和银行存款账户的管理工作。现金和有价证券放在出纳的保险柜中保管;银行存款,由出纳办理收支结算手续。既要进行出纳账务处理,又要进行现金、有价证券等实物的管理和银行存款收付业务。在这一点上和其他财会工作有着显著的区别。除了出纳,其他财会人员是管账不管钱,管账不管物的。

(4)出纳工作直接参与经济活动过程。货物的购销,必须经过两个过程:货物移交和货款的结算。其中货款结算,即货物价款的收入与支付就必须通过出纳工作来完成;往来款项的收付、各种有价证券的经营以及其他金融业务的办理,更是离不开出纳人员的参与。这也是出纳工作的一个显著特点,其他财务工作,一般不直接参与经济活动过程,而只对其进行反映和监督。

第二节　出纳工作的一般业务流程

出纳人员每天要处理大量的经济业务,协调各方面的经济利益关系,如何才能提高工作效率,保证工作质量呢?这就需要制定一个合理而有效的工作流程,使得出纳工作有条不紊地进行,满足单位财务管理的需要。

出纳人员办理资金收支业务要有章可循,并按照规定的程序进行业务处理,才能保证出纳工作的质量。出纳工作的一般流程涉及资金收入的处理和资金支出的处理。

1.对于资金收入的处理注意哪些事项?

(1)清楚收入的金额和来源。出纳人员在收到一笔资金之前,应当清楚地知道要收到多少钱、收谁的钱、收什么性质的钱,再按不同的情况进行分析处理。其基本业务如下:

①确定收款金额。如为现金收入,应考虑库存限额的要求。

②明确付款人。出纳人员应当明确付款人的全称和有关情况,对于收到的背书支票或其他代为付款的情况,应由经办人注明。

③收到销售或劳务性质的收入。出纳人员应当根据有关的销售(或劳务)合同确定收款额是否按协议执行,并对预收账款、当期实现的收入和收回以前欠款分别进行处理,保证账实一致。

④收回代付、代垫及其他应付款。出纳人员应当根据账务记录确定其收款额是否相符,具体包括单位为职工代付的水电费、房租、保险金、个人所得税,职工的个人借款和差旅费借款,单位交付的押金等。

(2)清点收入。出纳员在清楚收入的金额和来源后,进行清点核对,清点时应沉着冷静,不要图快。其业务如下:

①现金清点。现金收入应与经办人当面点清,在清点过程中出纳人员发现短缺、假钞等特殊问题,应由经办人负责。

②银行核实。银行结算收入应由出纳人员与银行相核对,如为电话询问或电话银行查询的,只能作为参考,在取得银行有关的收款凭证后,方可正式确认收入,进行账务处理。

③清点核对无误后,按规定开具发票或内部使用的收据。如收入金额较大的,应及时上报有关领导,便于资金的安排调度,手续完毕后,在有关收款凭证上加盖"收讫"章。

如清点核对并开出单据后,再发现现金短缺或假钞,应由出纳人员负责。

(3)收入退回。如因特殊原因导致收入退回的,如支票印鉴不清,收款单位账号错误等,应由出纳人员及时联系有关经办人或对方单位,重新办理收款。

2.对于资金支出的处理注意哪些事项?

(1)明确支出的金额和用途。出纳人员支付每一笔资金的时候,一定要知道准确的付款金额,合理安排资金。

①明确收款人。出纳人员必须严格按合同、发票或有关凭证记载的收款人进行付款,对于代为收款的,应当出具原收款人证明材料并与原收款人核实后,方可办理付款手续。

②明确付款用途。对于不合法、不合理的付款应当坚决给予抵制,并向有关领导予以汇报,行使出纳人员的工作权力,用途不明的,出纳人员可以拒付。

(2)付款审批。由经办人填制付款单证,注明付款金额和用途,并对付款事项的真实性和准确性负责。

①有关证明人的签章。经办人的付款用途中,涉及实物的,应当有仓库

保管员或实物负责人的签收;涉及差旅、销售费用等的,应当有证明人或知情人加以证明。

②有关领导的签字。收款人持证明手续完备的付款单据,报有关领导审阅并签字。

③到财务部门办理付款。经办人持内容完备的付款单证,报经会计审核后,由出纳办理付款。

(3)办理付款。付款是资金支出中最关键的一环,出纳人员应当特别谨慎,要用“如临深渊、如履薄冰”的态度认真对待,因为款一旦付出,发生差错是很难追回的。要严格核实付款金额、用途及有关审批手续。

①现金付款,双方应当面点清。在清点过程中发现短缺、假钞等情况,由出纳员负责。

②银行付款,开具支票时,出纳人员应认真填写各项内容,保证要素完整、印鉴清晰、书写正确,如为现金支票,应附领票人的姓名、身份证号码及单位证明。办理转账或汇款时,出纳人员书写准确、清晰、完整,保证收款人能按时收到款项。

③双方确认付款金额后,由收款人签字并加盖“付讫”章。如为转账或汇款的,银行单据直接作为已付款证明。

如确认签字后,再发现现金短缺或其他情况,应由收款经办人负责。

(4)付款退回。如因特殊原因造成支票或汇款退回的,出纳人员应当立即查明原因,如因己方责任引起的,应换开支票或重新汇款,不得借故拖延;如因对方责任引起的,应由对方重新补办手续方可办理。

第二章　出纳人员基本业务技能

第一节　点　　钞

1. 点钞的基本程序是什么？

掌握正确的点钞技巧是出纳人员必备的素质，出纳人员要通过刻苦锻炼，掌握一种或几种手工点钞方法，做到点钞快、准。出纳员在办理现金收付业务时，一般应按下列程序办理：

（1）首先应审查现金收、付款凭证及其所附原始凭证的内容，看其是否填写齐全、清楚，两者内容是否一致。

（2）然后依据现金收、付款凭证的金额，先点整数（即大数），再点零数（即小数），具体说就是先点大额票面金额，再点小额票面金额，即先点成捆的（暂不拆捆）、成把（卷指铸币）的（暂不拆把、卷），再点零数。在点数过程中，一般应边点数，边在算盘或计算器上加计金额，点数完毕，算盘或计算器上的数字，和现金收、付款凭证上的金额应相同。

（3）从整数至零数，逐捆、逐把、逐卷地拆捆点数，在拆捆、拆把、拆卷时应暂时保存原有的封签、封条和封纸，点数无误后方可扔掉。

（4）点数无误后，即可办理具体的现金收存业务。

2. 点钞的工序及基本要求有哪些?

点钞可分为手工点钞和机具点钞,机具点钞易学易懂,在此不作赘述。手工点钞的程序可分成拆把(持钞)、点数、扎把、盖章四个环节。

(1)拆把(持钞)是指把待点钞票按不同点钞方法的要求拿在手中,然后脱去扎钞纸条或将纸条勾断,为点钞做好准备。

(2)点数是指左手持钞,右手点钞,眼睛紧盯捻动的钞票,同时脑中计数。手、眼、脑三位一体,将钞票数量清点准确。

(3)扎把是指把清点准确的一百张钞票礅齐,并用纸条捆扎牢固。

(4)盖章是指在捆扎钞票的纸条上加盖点钞人员的印章,加盖印章可以防止已扎好的钞票解散,同时明确人员责任。

3. 点钞的常用方法有哪些?

目前,虽然许多单位配备了点钞机,但由于种种原因,机器点完后,出纳人员往往还要用手工再行点验。这就要求出纳人员必须熟练掌握一种或几种手工点钞的方法,刻苦训练,以达到能够既快又准的点验钞票。手工点钞的方法很多,但常用的主要有如下几种:

(1)手持式点钞技术。它又分为单指单张点钞法、单指多张点钞法、四指拨动点钞法等几种。其中最常用的是单指单张点钞法,其操作要领为:左手中指和无名指夹住钞票的一端,食指伸直托住钞票背面,大拇指轻按在钞票正面,将钞票呈半扇面形,大拇指尖压在钞票侧面某一适当位置。右手大拇指在票上(相对于面部位置而言),食指、中指在票下,用右手大拇指指尖向下捻动钞票,每捻出一张,就用右手无名指将其弹拨下来,这样连续动作,并同时采用自然记数法。使用此种点钞法,可看到钞票的大部分,易于识别假币和挑出残票,优点多多。其缺点是一次记一个数,比较费力。在单指单张点钞法的基础上,可相应发展为单指多张的点钞技术,这里不再赘述。

(2)扇面式点钞法。把钞票捻成扇面形状进行清点的方法就叫扇面式点钞法。其操作要领为:左手持票,把钞票打成一个扇面,每张钞票间隔要均匀，右手中指、无名指托住钞票背面，用右手大拇指一次按下某一固定张数作为一组，然后用右手食指压住，随后大拇指继续向前按第二次，如此反复，直至完成，并同时采用分组记数法。这种点钞法速度快，是手工点钞中效率最高的。但它只能确认张数，不能看清票面，而且也不利于清点新、旧、破混合钞票。

(3)整点硬币的方法。在实际工作中整点硬币一般有两种方法：手工整点硬币和工具整点硬币。在这里我们主要讲手工整点硬币。

手工整点硬币一般常用在收款、收点硬币尾零款，以一百枚为一卷，一次可清点 5 枚、12 枚、14 枚或 16 枚，最多的可一次清点 18 枚，主要是依个人技术熟练程度而定。其操作方法如下：

①拆卷。右手持硬币卷的 1/3 部位，放在待清点完包装纸的中间，左手撕开硬币包装纸的一头，然后右手大拇指向下从左到右端开包装纸，把纸从卷上面压开后，左手食指平压硬币，右手抽出已压开的包装纸，这样即可准备清点。

②点数。按币值由大到小的顺序进行清点，用左手持币，右手拇指食指分组清点。为保证准确，用右手中指从一组中间分开查看，如 1 次点 18 枚为一组，即从中间分开一边 9 枚；如 1 次点 10 枚为一组，一边为 5 枚。记数方法，分组计数，一组为 1 次，如点 10 枚即记 10 次(如点 18 枚为 5 次加 10 枚，其他依此类推)为一卷叠放在包装纸上。

③包装。硬币清点完毕后，用双手的无名指分别顶住硬币的两头，用拇指、食指、中指捏住硬币的两端，将硬币取出放入已准备好的包装纸 1/2 处，用双手拇指把里半部的包装纸向外掀起掖在硬币底部，再用右手掌心用力向外推卷，然后用双手的中指、食指、拇指分别将两头包装纸压下贴至硬币，这样使硬币两头压三折，包装完毕。

第二节　假钞的辨别与处理

1. 当前流通的人民币有哪些?

鉴别假币首先应了解目前使用的人民币的特点。我国自 1948 年 12 月 1 日发行第一套人民币至今先后发行了五套人民币,其中第一、第二、第三套已不再使用,目前正在使用的是第四套和第五套人民币,其中以第五套人民币为主。

第五套人民币于 1999 年开始流通,在基本图案不变的情况下,2005 年又开始发行 2005 年版的第五套人民币,所以当前流通的第五套人民币有 1999 年和 2005 年两种版别。2005 年 8 月 31 日起发行的 2005 年版第五套人民币包括 100 元、50 元、20 元、10 元、5 元纸币和 1 角硬币,与 1999 年版第五套人民币同时流通。

2. 1999 年版第五套人民币有哪些防伪特征?

人民币采用印钞专用纸张、水印、凹印、安全线、对印、多色接线、磁性油墨、荧光油墨等多种防伪措施,不同时期发行的人民币其防伪特征也有所不同。从面额上讲,以 100 元面额的防伪措施最为完备。

目前流通的 1999 年版第五套人民币 100 元的防伪特征如下:

(1)固定人像水印:位于正面左侧空白处,迎光透视,可见与主景人像相同、立体感很强的毛泽东头像水印。

(2)红、蓝彩色纤维:在票面的空白处,可看到纸张中有红色和蓝色纤维。

(3)磁性微文字安全线:钞票纸中的安全线,迎光观察,可见"RMB100"微小文字,仪器检测有磁性。

(4)手工雕刻头像:正面主景毛泽东头像,采用手工雕刻凹版印刷工艺,形象逼真、传神、易于识别。

(5)隐形面额数字:正面右上方有一椭圆形图案,将钞票置于与眼睛接近平行的位置,面对光源作平面旋转度或 90 度角,即可看到面额“100”字样。

(6)胶印缩微文字:正面上方椭圆形图案中,多处印有胶印缩微文字,在放大镜下可看到“RMB”和“RMB100”字样。

(7)光变油墨面额数字:正面左下方“100”字样,与票面垂直直角度观察为绿色,倾斜一定角度则变为蓝色。

(8)阴阳互补对印图案:票面正面左下方和背面右下方均有圆形局部图案,迎光观察,正背图案重合并组成一个完整的古钱币图案。

(9)雕刻凹版印刷:正面主景毛泽东头像、中国人民银行行名、盲文及背面主景人民大会堂等均采用雕刻凹版印刷,用手指触摸有明显凹凸感。

(10)横竖双号码:正面采用横竖双号码印刷(均为两位冠字、八位号码)。横号码为黑色,竖号码为蓝色。

3.2005 年版第五套人民币的防伪特征与 1999 年版的有什么区别?

(1)调整了防伪特征布局。

2005 年版第五套人民币 100 元、50 元纸币正面左下角胶印对印图案调整到主景图案左侧中间处,光变油墨面额数字左移至原胶印对印图案处,背面右下角胶印对印图案调整到主景图案右侧中间处。

(2)调整防伪特征。

①隐形面额数字:调整 2005 年版第五套人民币各券别纸币的隐形面额数字观察角度。2005 年版第五套人民币各券别纸币正面右上方有一装饰性图案,将票面置于与眼睛接近平行的位置,面对光源做上下倾斜晃动,分别可以看到面额数字字样。

②全息磁性开窗安全线:2005 年版第五套人民币 100 元、50 元、20 元纸币将原磁性缩微文字安全线改为全息磁性开窗安全线。2005 年版第五套人

民币 100 元、50 元纸币背面中间偏右，有一条开窗安全线，开窗部分分别可以看到由缩微字符“￥100”、“￥50”组成的全息图案。2005 年版第五套人民币 20 元纸币正面中间偏左，有一条开窗安全线，开窗部分可以看到由缩微字符“￥20”组成的全息图案。

③双色异形横号码：2005 年版第五套人民币 100 元、50 元纸币将原横竖双号码改为双色异形横号码。正面左下角印有双色异形横号码，左侧部分为暗红色，右侧部分为黑色。字符由中间向左右两边逐渐变小。

④雕刻凹版印刷：2005 年版第五套人民币 20 元纸币背面主景图案桂林山水、面额数字、汉语拼音行名、民族文字、年号、行长章等均采用雕刻凹版印刷，用手触摸，有明显凹凸感。

(3)增加防伪特征。

①白水印：2005 年版第五套人民币 100 元、50 元纸币位于正面双色异形横号码下方，2005 年版第五套人民币 20 元纸币位于正面双色横号码下方，迎光透视，分别可以看到透光性很强的水印面额数字字样。

②凹印手感线：2005 年版第五套人民币各券别纸币正面主景图案右侧，有一组自上而下规则排列的线纹，采用雕刻凹版印刷工艺印制，用手指触摸，有极强的凹凸感。

③阴阳互补对印图案：2005 年版第五套人民币 20 元纸币正面左下角和背面右下角均有一圆形局部图案，迎光透视，可以看到正背面的局部图案合并为一个完整的古钱币图案。

(4)2005 年版第五套人民币各券别纸币背面主景图案下方的面额数字后面，增加人民币单位的汉语拼音“YUAN”；年号改为“2005 年”。

(5)2005 年版第五套人民币取消各券别纸币纸张中的红蓝彩色纤维。

(6)第五套人民币 1 角硬币的材质由铝合金改为不锈钢。

4. 常见的假钞有哪些特点与类型？

单位出纳人员必须具备基本的人民币真伪鉴别知识。按照法律规定，人民币中元币以上为主币，其余角币、分币为辅币。假人民币包括伪造币和变造币。

(1)伪造币是指仿照真币原样,利用各种手段非法重新仿制的各类假票币。伪造币一般通过手工描绘、木版、石版、照相制版、机制套印、拓印以及利用彩色复印机复印等方法仿制。伪造币欺骗性强,极易以假乱真,稍不注意,就会上当受骗。一旦伪造币投入流通,其带来的恶劣影响显而易见,它不仅扰乱了金融市场的秩序,而且也损害了企事业单位和个人的利益,危害极大。

(2)变造币指在真币基础上或以真币为基本材料,通过挖补、剪接、涂改、揭层等办法加工处理,使原币改变数量、形态实现升值的假货币。主要类型有三:

第一种,涂改变造币,即使用消字、消色等方法,将小面额票币的金额消去,涂改成大面额的票币。这种变造币,钞票金额数字部位有涂改或用刀刮过的痕迹,花纹、图案、颜色、尺寸都与真钞不符。

第二种,拼凑变造币,即使用剪贴的方法,将多张钞票进行剪剪拼拼,从而多拼出钞票的张数。这种变造币,纸幅比真钞短一截,花纹不衔接,钞票背面有纸条或叠压粘贴痕迹。

第三种,揭张变造币,是将真钞正、背两面揭开,再贴上其他纸张而成。这种变造币,与真钞相比纸质薄,挺度差,易辨别。

5. 如何鉴别假币?

(1)纸张识别。人民币纸张采用专用钞纸,主要成分为棉短绒和高质量木浆,具有耐磨、有韧度、挺括、不易折断、抖动时声音脆响等特点;而假币纸张绵软、韧性差、易断裂、抖动时声音发闷。

(2)水印识别。人民币水印是在造纸中采用特殊工艺使纸纤维堆积而形成的暗记。分满版和固定水印两种。如现行人民币 1 元、5 元券为满水印暗记;10 元、20 元、50 元、100 元券为固定人头像水印暗记。其特点是层次分明、立体感强,透光观察清晰。而假币特点是水印模糊,无立体感,变形较大,用浅色油墨加印在纸张正、背面,不需迎光透视就能看到。

(3)凹印技术识别。真币的技术特点是图像层次清晰,色泽鲜艳、浓郁,立体感强，触摸有凹凸感，如1～10元券人民币在人物、字体、国徽、盲文点处都采用了这一技术。而假币图案平淡，手感光滑，花纹图案较模糊，并由网点组成。

（4）荧光识别。1999年版50元、100元券人民币分别在正面主图景两侧印有在紫外光下显示纸币面额阿拉伯数字“100”或“50”和汉语拼音“YIBAI”或“WUSHI”的金黄色荧光反应，但整版纸张无任何反应。而假币一般没有荧光暗记，个别的虽有荧光暗记但与真币比较，颜色有较大差异，并且纸张会有较明亮的蓝白荧光反应。

（5）安全线识别。真币的安全线是立体实物与钞纸融为一体，有凸起的手感。假币一般是印上或画上的颜色，如加入立体实物，会出现与票面皱褶分离的现象。此外，还可借助仪器进行检测，可用紫外光、放大镜、磁性等简便仪器对可疑票券进行多种检测。

6. 如何处理假钞？

出纳人员在收付现金时如发现假币，应立即送交附近银行鉴别，由银行开具没收凭证，予以没收处理，如有追查线索的应及时报告就近公安部门，协助侦破；出纳人员如发现可疑币不能断定真假时，不得随意加盖假币戳记和没收，应向持币人说明情况，开具临时收据，连同可疑币及时报送当地中国人民银行鉴定。经中国人民银行鉴定，确属假币时，应按发现假币后的办法处理，如确定不是假币时，应及时将钞票退还持币人。

假币没收权属于银行、公安和司法部门。其他单位和个人如发现假币应按上述办法处理或按当地反假币法规所规定的办法办理。

第三节　人民币的保护

人民币是中华人民共和国的法定货币，每个公民都有爱护人民币的义务，在使用过程中应注意以下几点：收付现钞不要乱揉乱折，整点存放时要平铺整齐；不要在人民币上记数、写串、乱涂、乱划；出售或购买水产、肉类、蔬菜等容易弄湿、弄脏人民币的地方，应注意卫生，采用必要的防护措施，避免弄脏人民币；防止化学药物对人民币的侵蚀，在生活中不要将肥皂洗涤剂与人民币放在一起；不要在硬币上凿字、打眼、锤击等，以免使硬币变形或受损；收藏人民币，要放在干燥、安全的地方，暂时不用的人民币，请存入银行支援国家建设，避免不必要的霉烂、鼠咬等意外损失；对破坏人民币的行为要批评教育，对故意大量破坏者，要追究其法律责任。

1. 残缺人民币的挑剔标准是什么？

残缺人民币是指由于某种原因明显缺少了一部分的票币。对于以下几种人民币损伤情况，应及时挑出整理，作为残缺人民币处理：

（1）票面缺少部分损及行名、花边、字头、号码、国徽之一的或缺角的；

（2）票面有孔洞直径大于10毫米的；

（3）裂口长度超过票面长度（或宽度）五分之一或损及花边、图案的，因票面断裂而粘补的；

（4）票面纸质软、较旧的；

（5）由于油浸、墨渍等造成脏污面积较大（大于1平方厘米）或涂写字迹过多，妨碍票面整洁的；

（6）票面变色严重影响图案清晰的；

（7）硬币残缺、穿孔、变形、磨损、氧化损坏花纹的。

2. 中国人民银行对残缺人民币的兑换有哪些规定？

及时回收市场流通中的损伤、残缺人民币，保持人民币的整洁，维护国家货币的信誉，需要企事业单位、广大群众、银行等各方面的配合，不论是单位还是个人，如果留有不宜流通的损伤、残缺人民币，不要再次使用或对外找付，应挑拣、粘补整理好，随时送存银行或办理兑换。中国人民银行规定：

（1）凡残缺人民币属下列情况之一者，应持币向银行全额兑换：

①票面残缺不超过五分之一，其余部分的图案、文字能照原样连接者；

②票面污损、熏焦、水湿、油浸、变色，但能辨别真假，票面完整或残缺不超过五分之一，票面其余部分的图案、文字能照原样连接者。

(2)票面残缺五分之一以上至二分之一，其余部分的图案、文字能照原样连接者，应持币向银行照原面额半数兑换，但不得流通使用。

(3)凡残缺人民币属于下列情况之一者不予兑换：

①票面残缺二分之一以上者；

②票面污损、熏焦、水湿、油浸、变色不能辨别真假者；

③故意挖补、涂改、剪贴拼凑、揭去一面者。

兑换残缺人民币时，应由持票人填写统一格式的“残缺票币兑换单”，银行经办人员依照标准，在对残缺币真伪、券别和张数等进行仔细辨别后，与持票人共同确定可兑换的金额，在征得持票人同意后，当着持票人的面在残缺票上加盖“全额”或“半额”戳记以及两名经办人员名章后，给予兑换。不予兑换的残缺人民币由中国人民银行收回销毁，不得流通使用。

3. 小写金额数字如何进行规范书写？

小写金额是用阿拉伯数字来书写的。具体书写要求如下：

(1)阿拉伯数字应当从左到右一个一个地写，不得连笔。

在书写数字时，每一个数字都要占有一个位置，这个位置称为数位。数位自小到大，是从右向左排列的，但在书写数字时却是自大到小，从左到右的。书写数字时字迹工整、排列整齐有序且有一定的倾斜度，并以向左下方倾斜为好；同时，书写的每位数字要紧靠底线但不要顶满格(行)，一般每格(行)上方预留 1/3 或 1/2 空格位置，用于以后修订错误记录时使用。

(2)阿拉伯数字前面应当书写货币币种符号或者货币名称简写。

币种符号与阿拉伯金额数字之间不得留有空白。凡阿拉伯数字前写有币种符号的，数字后面不再写货币单位。人民币符号为“￥”。

(3)角分书写情况。

所有以元为单位(其他货币种类为货币基本单位)的阿拉伯数字，除表示单价等情况外，一律填写到角分；无角分的，角位和分位可写“00”，或者符号“－”；有角无分的，分位主应当写“0”，不得用符号“－”代替。

(4)各个数字的书写基本要求：

“1”字不能写得比其他数字短，以免篡改；

“2”字不能写成“Z”，以免改作3；

“3”字要使起笔处至转弯处距离稍长，不应太短，同时转弯处要光滑，避免被误认为5；

“4”字的“∠”要写成死折，使其不易改作6；

“5”字的短横与“称钩”必须明显，以防与8混淆；

“6”字起笔要伸至上半格四分之一处，下圈要明显，使其不易改作4或8；

“7”字上端一横要既明显又平直，折划不得圆滑，易与1和9相区别；

“8”字要注意上下两圈儿明显可见；

“9”字的小圈儿要闭合，并且一竖要稍长，略出行，使其不易与4混淆；

“0”字不要写小，并要闭合，以免改作9，连写几个“0”时，不要写连线。

4. 大写金额数字如何进行规范书写？

大写金额是用汉字大写数字：零、壹、贰、叁、肆、伍、陆、柒、捌、玖、拾、佰、仟、万、亿等来书写的。具体书写要求如下：

(1)以上汉字大写数字一律用正楷或者行书体书写，不得用○、一、二、三、四、五、六、七、八、九、十、百、千等简化字代替，不得任意自造简化字。

(2)大写金额数字到元或者角为止的，在“元”或者“角”字之后应当写“整”字或“正”字；大写金额数字有分的，分字后面不再写“整”或“正”字。

(3)大写金额数字前未印有货币名称的，应当加填货币名称，货币名称与金额数字之间不得留有空白。如“人民币伍佰元正”。

(4)阿拉伯金额数字中间有“0”时，汉字大写金额要写“零”字，阿拉伯数字金额中间连续有几个“0”时，汉字大写金额中可以只写一个“零”字；阿拉伯金额数字元位是“0”，或者数字中间连续有几个“0”、元位也是“0”，但角位不是“0”时，汉字大写金额可以只写一个“零”字，也可不写“零”字。

(5)大写金额中"壹拾几"、"壹佰(仟、万)几"的"壹"字,一定不能省略,必须书写。因为,"拾、佰、仟、万、亿"等字仅代表数位,并不是数字。

大写金额数字的规范书写如下:

正楷	壹 贰 叁 肆 伍 陆 柒 捌 玖 拾 佰 仟 万 亿 零 整 圆 角 分
行书	壹 贰 叁 肆 伍 陆 柒 捌 玖 拾 佰 仟 万 亿 零 整 圆 角 分

第四节　企业财务资料的保管

1. 空白收据如何保管?

空白收据即未填制的收据。空白收据一经填制,并加盖印鉴后,就可成为办理转账结算和现金支付的书面证明,直接关系到单位资金的准确、安全和完整。空白收据一般应由主管会计人员保管。与支票一样,应设置"空白收据登记簿",认真填写空白收据的领用日期、领用单位,并由领用人签字。用完后要及时办理归还和注销手续。空白收据不得带出单位使用,不得转借、赠送或买卖;作废的收据应加盖"作废"印鉴,并连同存根一起保管,不得撕毁、丢失。

2. 印章和印签如何保管?

出纳使用的印章必须妥善保管,严格按照规定的用途使用,不得将印章随意存放或带出工作单位。用于签发支票的各种预留银行印鉴章应由主管会计人员或其他指定人员保管,不能由出纳一人保管。

企业如果发生印鉴遗失或需要更换预留银行印鉴时,应向开户银行提出申请,填写"印鉴变更申请书",与证明情况的公函一并交银行审核,经银行同意后,在银行发给的新印鉴卡的背面加盖原预留银行印鉴,在正面加盖新更换的印鉴,并与银行约定新印鉴的启用日期。

3. 企业的支票如何保管?

各单位为了结算,一般都从银行领购并保留一定数量的空白支票以备使用。支票是一种支付凭证,一旦填写了有关的内容,并加盖预留在银行的印鉴后,即可直接从银行提取现金,或与其他单位进行结算。因此,存有空白支票的单位,对空白支票必须严格管理。对空白支票的保管主要应当注意以下几个方面:

(1)贯彻票、印分管原则,即空白支票和印章应分别指定专人负责保管,不得由同一人负责保管。

(2)单位撤销、合并、结清账户时,应将剩余的空白支票,填列一式两联清单,全部交回银行注销。清单一联由银行盖章后退交清户单位,一联作为清户传票附件。

(3)对事先不能确定采购物资的单价、金额的,经单位领导批准,可将填明收款人名称和签发日期的支票交采购人员,明确用途和款项限额,领用支票人员回单位后必须及时向财务部门结算。

(4)设置"空白支票签发登记簿",经单位领导批准,出纳人员签发空白支票后,应在"空白支票签发登记簿"加以登记。

4. 有价证券如何保管?

有价证券是指具有一定票面价格,能够给它的持有人定期带来收入的所有权或债权凭证。企业持有的有价证券是企业资产的一个组成部分,具有与现金相同的性质和价值。企业拥有的有价证券通常包括国库券、特种国债、国家重点建设债券、地方债券、金融债券、企业债券和股票等,从广义上讲,有价证券还包括汇票、支票、提货单等。

由于有价证券能够变现,具有与现金相同的性质和价值。所以,企业持有的有价证券必须由出纳人员按照与货币资金相同的要求进行管理。具体要求如下:

(1)必须由出纳人员放入保险箱保管,而不能由经办人自行保管。

(2)出纳人员对自己负责保管的各种有价证券,要专设登记簿进行详细登记。登记簿应该按有价证券的种类分别开设账页,详细登记有价证券的名称、面额、批次、张数、开始保管日期、原定还本日期、兑现取款日期、转出或移交日期、备注等。登记簿不要和有价证券一起放入保险柜,而应该另行存放,实行"账、证分管"。登记簿登记的账面金额应该与总账会计的相关账户余额相等。

(3)业务人员提取有价证券外出办理相关事项时,应该办理类似于现金借据的正规手续交给出纳,作为支取有价证券的凭证;交回有价证券时,再由出纳在借据上加盖注销章后退还给出据人。

(4)出纳人员对自己保管的各种有价证券的面额和号码应该保密。办理有价证券的出纳不得由非专业人员充任,不得兼任其他机构有关财务会计职务,不得对外作财务方面的保证。

第三章　出纳凭证业务

第一节　会 计 凭 证

1. 什么是会计凭证?

会计凭证,简称凭证,是记录经济业务、明确经济责任并作为登记账簿依据的书面证明。会计凭证有许多种,除了购货发票单外,像发出商品的发货单、材料入库的入库单等也称为会计凭证。

会计凭证首先要由执行该项经济业务的有关人员填制或取得,然后交给有关部门进行审核,经过审核确认没有任何差错,再由审核人员签章后,才可以作为记账的依据。

2. 会计凭证具有什么作用?

会计凭证的填制和审核作为会计核算的一项重要内容,在经济管理中有着十分重要的意义。会计凭证的作用如图 3-1 所示。

3. 会计凭证包括哪些种类?

企事业等单位所使用的会计凭证种类繁多,其用途、性质、格式等因业务需要而具有多样性。会计凭证按其填制程序和用途进行分类,可分为原始凭证和记账凭证两大类。会计凭证的分类如图 3-2 所示。

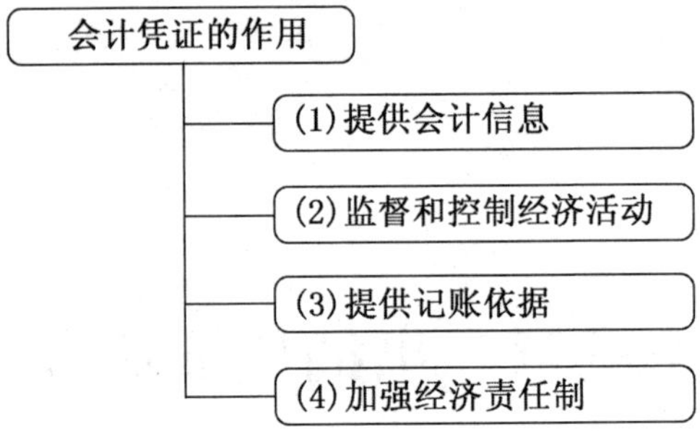

图 3-1　会计凭证的作用

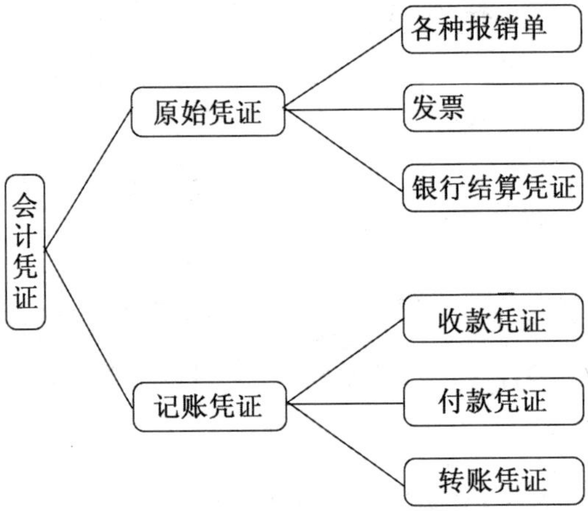

图 3-2　会计凭证的种类

原始凭证是在经济业务发生或完成以后取得或填制的，用以明确经济责任，载明经济业务的具体内容和完成情况的书面证明，是进行会计核算的原始资料和重要依据，如各种报销单、发票、银行结算凭证等都是原始凭证。

记账凭证是指会计人员根据审核无误的原始凭证或原始凭证汇总表，按记账的要求归类整理而编制的会计凭证，是登记账簿的直接依据，各种收款凭证、付款凭证、转账凭证等都属于记账凭证。

第二节　原 始 凭 证

1. 什么是原始凭证？

原始凭证，又称原始单据，是在经济业务发生或完成时直接取得或填制的，用以记录、证明经济业务已经发生或完成的书面凭证，是进行会计核算的原始资料。在实际工作中，原始凭证有些是从外单位取得的，有些是本单位自制的。原始凭证记载着大量的经济信息，又是证明经济业务发生的初始文件，与记账凭证相比较，具有较强的法律效力，所以它是一种很重要的凭证。

2. 原始凭证包括哪些种类？

对原始凭证有很多分类方法，我们这里只介绍其中的一种，按照原始凭证的来源，可以分为外来原始凭证和自制原始凭证。

（1）外来原始凭证是指同外部单位发生经济往来关系时，从外部单位取得的原始凭证，如购货时取得的发货票、付款时所取得的收据等。

（2）自制原始凭证是指由本单位内部经办经济业务的部门或人员，在办理经济业务时所填制的凭证，如商品、材料入库时经仓库保管人员填制的入库单等。

3. 具有法律效力的原始凭证应包含哪些事项？

原始凭证是记录经济业务完成情况，明确有关单位与人员经济责任的证明单据。因此，必须客观真实地填制好原始凭证。虽然不同的原始凭证有其反映的不同经济业务内容、不同的格式，但都包含以下几个方面：

（1）原始凭证的名称，如借据、收据、增值税专用发票等；

(2)原始凭证的编号;

(3)填制原始凭证的日期和经济业务发生的日期;

(4)填制和接受原始凭证的单位名称及公章或专用章;

(5)有关的经济业务内容;

(6)经济业务所涉及的数量、计量单位、单价和金额总量;

(7)经办人或责任人的签名或盖章。

上述基本内容,一般不得缺少,否则不能成为具有法律效力的原始凭证。有些原始凭证还应具备一些特殊内容和要求,如:使用统一发票时,发票上应印有税务专用章;自制发票,应该有税务监制章;使用增值税专用发票时,要按规定填写购销双方的税号、地址、电话、开户银行以及账号等。

4. 如何填制原始凭证?

原始凭证是具有法律效力的证明文件,是进行会计核算的重要原始依据。原始凭证的填制必须符合下列基本要求(见图 3-3):

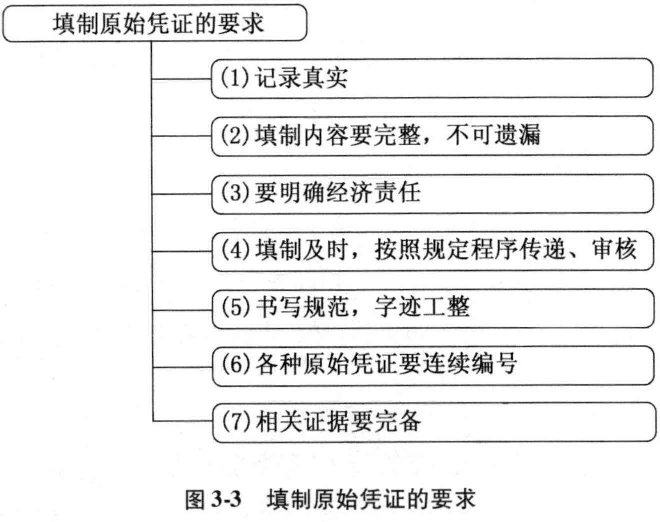

图 3-3 填制原始凭证的要求

(1)记录真实。

原始凭证必须实事求是地填写经济业务,原始凭证上填制的日期、业务内容、数量、金额等必须与实际情况完全符合,确保凭证内容真实可靠。

(2)填制内容要完整,不可遗漏。

原始凭证必须按规定的格式和内容逐项填写齐全,而且凭证填写的手续必须完备,符合内部牵制原则。需填写大写和小写金额的原始凭证,大写金额与小写金额必须相同。

(3)要明确经济责任。

原始凭证上要有经办人员或部门的签章,对凭证的真实性和正确性负完全的责任。外来的原始凭证,从外单位取得的,必须盖有填制单位的财务公章,从个人取得的,必须有填制人员的签名或盖章;自制原始凭证,必须有经办人、负责人、审核人、签领人的签名或盖章;对外开出的原始凭证,必须加盖本单位的财务公章。

(4)填制及时,按照规定程序传递、审核,以便据以编制记账凭证。

(5)书写规范,字迹工整。

原始凭证要用蓝色或黑色墨水书写,支票要用碳素墨水填写。一式几联的原始凭证,必须用双面复写纸复写,要写清楚、写透。大小写金额数字要符合规定,正确填写。原始凭证上的文字和数字都要易于辨认,不得任意涂改、刮擦或挖补。一般凭证如果发现错误,应当按规定方法更正。而有关现金、银行存款收支业务的凭证,如果填写错误,不能在凭证上更正,应加盖"作废"戳记,重新填写,以免错收错付。

(6)各种原始凭证要连续编号。

如果凭证已预先印定编号,如发票、支票、收据等,在需要作废时,应当加盖"作废"戳记,并连同存根和其他各联全部保存,不得随意撕毁。

(7)相关证据要完备。

填制原始凭证时,要有完备的相关证据。如购买实物的原始凭证,必须有实物验收说明;支付款项的原始凭证,必须有收款单位和收款人的收款证明。已经销售的物品被退回,实物要验收入库或另作处理,退换货时,要先填制退货发票。用现金退款时,要取得对方的收款收据;以银行存款退还的,以银行结算凭证记账联作为证明,不得以退货发票代替对方的收据。职工公出借款收据,必须附在记账凭证上,收回借款时,应另开收据或退还借据副本,不得退还原借款收据。经有关部门批准办理的某些特殊业务,应将批准的文件作为原始凭证的附件,如果批准文件需要单独归档,应在凭证上注明批准机关的名称、日期和文件字号。

5. 如何审核原始凭证?

对会计凭证的审核是会计监督的一个重要手段。原始凭证填制以后,为了保证其真实可靠,会计部门在据此填制记账凭证入账前,必须对其进行严格的审核。审核主要包括两个方面:

(1)审核原始凭证所记录的经济业务的合法性。主要是审查记录的经济业务是否符合有关法律、法令、制度和政策;是否执行了预算、合同和计划,是否符合经济核算的原则。若发现有违法违纪行为,要拒绝执行,并向有关部门与领导汇报。在实际工作中,违法的原始凭证主要有以下三种情况,审核时要加以注意:

①明显的假发票、假车票,如印制粗糙、印章不规范的原始凭证。

②虽然是真实的,但制度规定不允许报销,如不能用公款报销的私人使用的物品等。

③虽能报销,但制度对报销的比例或金额有明显限制的,超过部分不予报销。

(2)对原始凭证的合理性进行技术性审核。主要是审核原始凭证的内容和填制手续是否符合规定的要求,是否具有真实性、完整性,即凭证所载的内容是否与实际情况一致,该填的项目是否遗漏,数字是否清楚准确,书写是否规范,有关部门与人员是否都已签名或盖章。对有技术性问题的原始凭证要退回,补齐手续或更正错误。

①对真实性的审核主要是要保证:经济业务双方当事单位和当事人必须是真实的;经济业务发生的时间、地点、填制凭证的日期必须是真实的;经济业务的内容必须是真实的;经济业务的"量"、单价、金额必须是真实的。

②对完整性的审核主要是要保证:双方经办人都签字或盖章,需要旁证的原始凭证,具有相应的旁证;不需要入库的物品,发货票上还应有使用证

明人的签名;需要另外登记的原始凭证,需经登记以后再到会计部门报账;需经领导签名批准的原始凭证,要有领导的亲笔签名。

第三节　记 账 凭 证

1. 什么是记账凭证?

记账凭证是会计人员根据审核后的原始凭证进行归类、整理,并确定会计分录而编制的凭证,是直接凭以登记账簿的依据。记账凭证记载的是会计信息,从原始凭证到记账凭证是经济信息转换成会计信息的过程,是一种质的飞跃。填制和复核记账凭证是出纳工作的重要组成部分。填制记账凭证,通常叫做制单,财会部门应指定专人制单。

记账凭证要根据原始凭证所反映的经济业务,按规定的会计科目和复式记账方法,编成会计分录,以确保账簿记录的准确性。

2. 记账凭证包括哪些类别?

按照不同的标准,记账凭证具有不同的分类:按照反映的经济业务是否与货币资金有关,记账凭证可以分为收款凭证、付款凭证和转账凭证;根据其填制的方式不同,记账凭证可分为复式记账凭证和单式记账凭证。

(1)收款凭证、付款凭证和转账凭证。

记账凭证按其反映的经济业务是否与货币资金有关,可以分为收款凭证、付款凭证和转账凭证,分别用以记录货币资金收入事项、货币资金支出事项和转账业务(与货币资金收支无关的业务),各种记账凭证一般印制成不同颜色以便于识别。

收款凭证是根据货币资金收入业务的原始凭证填制而成的用以反映货币资金收入业务的记账凭证。收款凭证一般按现金和银行存款分别编制。

实际工作中，出纳人员应根据会计管理人员或指定人员审核批准的收款凭证，作为记录货币资金收入的依据。出纳人员根据收款凭证收款（尤其是收入现金）时，要在凭证上加盖“收讫”戳记，以避免差错。

付款凭证是根据货币资金支出业务的原始凭证填制而成用以反映货币资金支出业务的记账凭证。实际工作中，出纳人员应根据会计主管人员或指定人员审核批准的付款凭证，作为记录货币资金支出并付出货币资金的依据。出纳人员根据付款凭证付款时，要在凭证上加盖“付讫”戳记，以免重付。

转账凭证是用以反映与货币资金收付无关的转账业务的凭证，根据有关转账业务的原始凭证或记账编制凭证填制而成。

会计实务中，某些经济业务既是货币资金收入业务，又是货币资金支出业务，如现金和银行存款之间的划转业务。为了避免记账重复，对于这类业务一般编制付款凭证，不编制收款凭证。即：将现金存入银行时，编制现金付款凭证；从银行存款提取现金时，编制银行存款付款凭证。

（2）复式记账凭证和单式记账凭证。

记账凭证根据其填制的方式不同，可分为复式记账凭证和单式记账凭证。

复式记账凭证是把一项经济业务所涉及的会计科目，集中填列在一张凭证上的记账凭证，即一张凭证上登记两个或两个以上的会计科目，既有“借方”，又有“贷方”，如前面介绍的收款凭证、付款凭证、转账凭证和通用凭证都是复式记账凭证。其优点是集中反映账户的对应关系，了解经济业务的全貌，减少凭证数量，节约纸张；其缺点是不便于汇总计算每一会计科目的发生额，不利于会计人员分工记账。

单式记账凭证是把一项经济业务所涉及的会计科目，分别按每个会计科目填制凭证的记账凭证，即把同类经济业务所涉及的会计科目分别记入两张或两张以上的记账凭证中，每张记账凭证只填列一个会计科目。单式记账凭证通常适用于业务量较大、会计内部分工较细的会计主体，优点是便于同时汇总计算每一会计科目的发生额，便于分工记账；缺点是不便于反映经济业务的全貌及会计科目的对应关系。

3. 记账凭证包含哪些内容？

记账凭证是登记账簿的直接依据，它是在审核无误的原始凭证的基础上，系统归类整理编制而成的。记账凭证有很多种类，同一种类的记账凭证又有不同的格式，但所有的记账凭证都必须具备下列基本内容：

（1）记账凭证的名称，即记账凭证，或收款凭证、付款凭证、转账凭证，或现金收款凭证、现金付款凭证、银行存款收款凭证、银行存款付款凭证、转账凭证等；

（2）记账凭证的编号；

（3）填制凭证的日期，要写明具体的年、月、日；

（4）有关经济业务内容摘要；

（5）有关账户的名称（包括总账、明细分类账）、借贷方向和金额（即会计分录）；

（6）有关原始凭证张数和其他有关资料份数；

（7）有关人员的签名或盖章，包括制单人员、记账人员、审核人员、会计主管人员等，收、付款记账凭证还必须由出纳人员签名或盖章。

4. 对记账凭证的填制有哪些要求？

填制记账凭证，就是要由会计人员将各项记账凭证要素按规定方法填写齐全，便于账簿登记。填制记账凭证是一项重要的会计工作，如果出现差错，不仅影响到账簿登记，而且会影响到经费收支、费用归集与分配、成本计算和编制会计报表等，因此，必须认真对待。

就记账凭证确定会计分录、便于保管和查阅会计资料来看，各种记账凭证除严格按原始凭证的填制要求填制外，还应注意以下几点：

（1）科目运用准确。要根据经济业务的性质，按照会计制度所规定的会计科目和每一会计科目所核算的内容，正确编制会计分录，以便于指标的综合汇总和分析对比，了解有关经济业务的完成情况。

(2)业务记录明确。每张记账凭证只能反映一项经济业务,除少数特殊业务必须将几个会计科目填在一张记账凭证上外,不得将不同类型经济业务的原始凭证合并填制记账凭证,对同一笔经济业务不得填制对应关系不清的多借多贷的记账凭证。

(3)凭证顺序编号。记账凭证应根据业务发生顺序按照不同种类的记账凭证连续编号,以便于登记账簿和进行记账凭证与账簿记录的核对,防止会计凭证丢失,并方便日后查找。

(4)凭证摘要简明。要将经济业务的内容以简练明确的文字填入"摘要"栏内,以便于日后查阅凭证和登记账簿。填写内容摘要要做到真实准确、简明扼要,当一笔经济业务涉及两个以上(不含两个)一级科目时,应根据经济业务和各个会计科目的特点分别填写摘要。

(5)日期填制正确。填写日期一般是填财会人员填制记账凭证的当天日期,也可以根据管理需要,填写经济业务发生的日期或月末日期。例如,银行收款业务的记账凭证一般按财会部门收到银行进账单或银行回执的戳记日期填写,当实际收到的进账单日期与银行戳记日期相隔较远或次月初收到上月的银行收、付款凭证的,按财会部门实际办理转账业务的日期填写。银行付款业务的记账凭证,一般以财会部门开出银行存款付出单据的日期或承付的日期填写。属于计提和分配费用等转账业务的记账凭证,应以当月最后的日期填写。

(6)附件数量完整。除结账与更正差错的记账凭证可以不附原始凭证,其他记账凭证必须附有原始凭证,并在记账凭证上注明原始凭证的张数(张数应用阿拉伯数字填写),以便于复核会计分录是否正确和日后查阅原始凭证。

(7)按规定程序办理签章手续。为了加强对凭证的管理,分清责任,在记账凭证填制完成后,要由有关财会人员签名或盖章,填制人员填制完毕后先行签章,并经稽核人员审核签章,之后交会计主管人员签章,最后由记账人员根据审核无误的记账凭证登记账簿,并在记账凭证上签章,表示该记账凭证已由其登记入账。对于收付款记账凭证,还必须由出纳人员签章。

5. 记账凭证如何编号？

记账凭证应根据业务发生顺序按照不同种类的记账凭证连续编号，以便于登记账簿和进行记账凭证与账簿记录的核对，防止会计凭证的丢失，并方便日后查找。记账凭证编号的方法有：

(1) 将财会部门的全部记账凭证作为一类统一编号，编为记字第××号。

(2) 按现金和银行存款收入、现金和银行存款付出以及转账业务三类进行编号，分别编为收字第××号、付字第××号、转字第××号。

(3) 按现金收入、现金付出、银行存款收入、银行存款付出和转账五类进行编号，分别编为现收字第××号、现付字第××号、银收字第××号、银付字第××号、转字第××号。

记账凭证无论是统一编号还是分类编号，均应分月份按自然数字顺序连续编号。一张记账凭证编一个号，不得跳号、重号。

若一笔经济业务需填制多张记账凭证的，可采用按该项经济业务的记账凭证数量编列分数顺序号的方法，如前面的整数为总顺序号，后面的分数为该项经济业务的分号，分母表示该项经济业务的记账凭证总张数，分子则表示该项经济业务的顺序号。

若在记账之前发现记账凭证有错误，应重新编制正确的记账凭证，并将错误凭证作废或撕毁。已经登记入账的记账凭证，在当年内发现填写错误时，应用红字填写一张与原内容相同的记账凭证，在摘要栏注明"注销×月×日×号凭证"，同时再用蓝字重新填制一张正确的记账凭证，注明"订正×月×日×号凭证"。若会计科目没有错误，只是金额错误，也可将正确数字与错误数字之间的差额另编一张调整的记账凭证。调增金额用蓝字，调减金额用红字。发现以前年度的错误，应用蓝字填制一张更正的记账凭证。

6. 记账凭证附原始凭证的原则是什么？

除结账与更正差错的记账凭证可以不附原始凭证，其他记账凭证必须附有原始凭证，并在记账凭证上注明原始凭证的张数（张数应用阿拉伯数字填写），以便于复核会计分录是否正确和日后查阅原始凭证。

记账凭证所附原始凭证张数计算的原则是：没有经过汇总的原始凭证，按自然张数计算，有一张算一张；经过汇总的原始凭证，每一张汇总单或汇总表算一张。财会部门编制的原始凭证汇总表所附的原始凭证，一般作为附件的附件处理，原始凭证汇总表连同其所附的原始凭证算在一起作为一张附件填写。但属收付款业务的，其附件张数的计算要做特殊情况处理，应把汇总表及所附的原始凭证或说明性质的材料均算在其张数内，有一张算一张。

如果一张原始凭证涉及几张记账凭证，可把原始凭证附在一张主要的记账凭证后面，在其他记账凭证上注明附有原始凭证的记账凭证的编号。例如，用支票购物，同时又用现金在同一时间、地点购物，供货单位只开了一张发票，此时，应分开作两张记账凭证，原始凭证只能附在其中一张后面，另一张记账凭证后面无原始凭证时，复印或在记账凭证摘要栏中注明附原始凭证的记账凭证的凭证号。若一张原始凭证所列支出需要几个单位共同负担的，应将其他单位负担的部分，开给对方原始凭证分割单，进行结算。对于结账和更正错账的记账凭证，可不附原始凭证。企业单位提取各项税费的记账凭证，应附自制原始凭证，列明合法的计算提取依据及正确的计算过程。

7. 如何审核记账凭证？

记账凭证是登记账簿的直接根据，为保证和监督各种款项的收付、物资的收发、往来款项的结算等账簿记录的准确性，需要对记账凭证进行严格审核，确保其正确无误。记账凭证的审核，主要有合法性审核、完整性审核和技术性审核，具体体现在对以下几方面的审核：

（1）所附原始凭证是否齐全，是否经过审核，原始凭证所记录的经济业务内容和数额与记账凭证是否一致。

（2）会计科目和核算内容是否正确，是否与财务会计制度的规定相符，会计分录和账户对应关系是否正确，应借记、应贷记的金额是否平衡。

(3)需要填制的内容是否有遗漏，有关人员是否签章等。审核发现了错误，要查清原因，按规定更正，如补办手续、补填内容或拒绝办理等。

8. 记账凭证中容易出现哪些错误和舞弊？

(1)会计科目运用错误。

(2)会计金额计算错误。

(3)记账凭证和所附原始凭证单据不符。

(4)在汇总凭证过程中进行舞弊。

(5)编制虚假记账凭证。

第四节 会计凭证的处理

1. 如何传递会计凭证？

会计凭证的传递，是指各种会计凭证从填制、取得起，经过审核、记账、装订，到归档保管为止的全部过程，即在企业、事业和行政单位内部有关人员和部门之间传送、交接的过程。会计凭证的传递要符合有关规定，包括各种凭证的填写、传递单位与凭证份数，以及会计凭证传递的程序、移交的时间、接受与保管的有关部门等。

2. 会计凭证的传递有何作用？

(1)有利于完善经济责任制度。

经济业务的发生、完成及记录，是由若干责任人共同负责、分工完成的，而会计凭证作为记录经济业务、明确经济责任的书面证明，体现了经济责任制度的执行情况。单位会计制度可以通过会计凭证传递程序和传递时间的规定,进一步完善经济责任制度,使各项业务的处理顺利进行。

(2)有利于及时进行会计记录,实行会计监督。

从经济业务的发生到账簿登记有一定的时间间隔,通过会计凭证的传递,使会计部门尽早了解经济业务发生和完成情况,并通过会计部门内部的凭证传递,及时记录经济业务,进行会计核算,实行会计监督。

3. 会计凭证传递的组织应遵循哪些原则?

为了充分发挥会计的作用,必须合理组织会计凭证的传递,遵循内部牵制原则,做到及时反映、记录经济业务。内部牵制原则是建立内部牵制制度的基本准则,主要是指单位的领导、各职能部门、基层机构及其人员,在处理各项经济业务时,相互联系、相互制约、相互监督,从而达到控制和管理经济活动的目的。内部牵制原则主要包括三个方面:一是各职能部门及其人员的职权和责任必须划分清楚;二是各职能部门及其人员根据办理经济业务的程序,明确各自的手续制度;三是明确各职能部门及其人员之间的相互关系。

另外,要建立复核查对制度。针对会计凭证传递的组织工作,要做到以下几点:

(1)精简传递环节。

各单位应根据经济业务的特点、机构设置和人员分工情况,具体规定各种凭证的联数和传递程序,尽量避免不必要的环节。如果遇有不合理的环节,应根据实际情况及时加以修改,保证会计凭证传递合理化、制度化,并节约传递时间。

(2)降低逗留时间。

根据各部门和人员在正常情况下办理必要业务手续的需要,确定凭证在各个环节的逗留时间,使会计凭证的传递和处理在报告期内完成,以免拖延和积压会计凭证。

(3)各部门应相互协作。

为了使凭证传递工作有条不紊、迅速有效地进行,对本单位经常发生的,需要有关部门共同办理的主要经济业务,应明确凭证传递的路线和时间及交接手续,并绘制成流程图或流转表,要求有关部门和人员遵照执行。

4. 如何整理会计凭证?

出纳记账所填制和使用的各种收付款记账凭证及其所附的原始凭证,是会计凭证的重要组成部分。通常情况下,出纳人员根据收款凭证和付款凭证记账后,必须逐日、逐张对原始凭证进行加工整理,主要是指对原始凭证进行排序、粘贴和折叠。因为原始凭证的纸张面积与记账凭证的纸张面积不可能全部一样,有时前者大于后者,有时前者小于后者,这就需要会计人员在制作会计凭证时对原始凭证加以适当整理,以便下一步装订成册。对原始凭证的整理要做到:

(1)对于纸张面积大于记账凭证的原始凭证,可按记账凭证的面积尺寸,先自右向后,再自下向后两次折叠,注意应把凭证的左上角或左侧面让出来,以便装订查阅。如原始凭证的宽度超过记账凭证两倍或两倍以上,则应将原始凭证的左下方折成三角形,以免装订时将折叠单据订入左上角内。

(2)对面积较大但又未超过记账凭证大小的原始凭证以及纸张面积略小于记账凭证的原始凭证,不易粘贴,应先用大头针或回形针将其别在一起,待装订时取掉。

(3)对于纸张面积过小的原始凭证,一般不能直接装订,应先将小票按同金额归类,再粘在一张同记账凭证大小相同的厚纸上,要对齐厚纸上沿,从上至下移位重叠粘贴,注意小票不应落出厚纸下沿,粘贴时宜用胶水。证票应分张排列,同类、同金额的单据尽量粘在一起;同时,在一旁注明原始凭证的张数和合计金额。如果是板状票证,可以将票面票底轻轻撕开,厚纸板弃之不用。

(4)原始凭证的左端边缘空白少不够装订时,要贴纸加宽,以便装订翻阅。

(5)原始凭证附在记账凭证后面的顺序应与记账凭证所记载的内容顺序一致,不应按原始凭证的面积大小来排序。

会计凭证经过上述加工整理之后，就可以装订了。

5. 如何装订会计凭证？

会计凭证的装订是指把定期整理完毕的会计凭证按照编号顺序，外加封面、封底，装订成册，并在装订线上加贴封签。在封面上，应写明单位名称、年度、月份、记账凭证的种类、起讫日期、起讫号数，以及记账凭证和原始凭证的张数，并在封签处骑缝加盖会计主管的图章。如果采用单式记账凭证，在整理装订凭证时，必须保持会计分录的完整。为此，应按凭证号码顺序还原装订成册，不得按科目归类装订。对各种重要的原始单据，以及各种需要随时查阅和退回的单据，应另编目录，单独登记保管，并在有关的记账凭证和原始凭证上相互注明日期和编号。

会计凭证装订的要求是既美观大方又便于翻阅，所以在装订时要先设计好装订册数及每册的厚度。一般来说，一本凭证，厚度以1.5~2.0厘米为宜，太厚了不便于翻阅核查，太薄了又不利于直立放置。凭证装订册数可根据凭证多少来定，原则上以月份为单位装订，每月订成一册或若干册。有些单位业务量小，凭证不多，把若干个月份的凭证合并订成一册就可以，只要在凭证封面注明本册所含的凭证月份即可（见图3-4）。

记账凭证

本月共　　册

单位名称			
时　间	20　年　月　日起　　年　月　日止		
号　数	自　号至　号	记账凭证　张	附件　张
附　记			

企业负责人：　　　　　　　　会计主管：

图3-4　记账凭证的封面

为了使装订成册的会计凭证外形美观，在装订时要考虑到凭证的整齐均匀，特别是装订线的位置，如果太薄时可用纸折一些三角形纸条，均匀地垫在此处，以保证其厚度与凭证中间的厚度一致。

在装订会计凭证时经常采用的方法是角订法，这种方法简单易行，样式简洁美观。具体操作步骤如下（见图 3-5）：

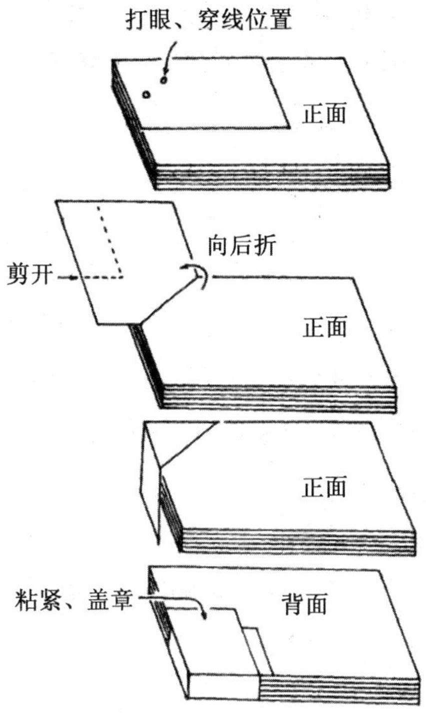

图 3-5　会计凭证的角订法

（1）将记账凭证封面和封底裁开，分别附在凭证前面和后面，再拿一张质地相同的纸（可以再找一张凭证封皮，裁下一半用，另一半为订下一本凭证备用）放在封面上角，做护角线。

（2）在凭证的左上角画一边长为 5 厘米的等腰三角形，用夹子夹住，用装订机在底线上分布均匀地打两个眼儿。

（3）用大针引线绳穿过两个儿。如果没有针，可以将回形别针顺直，然后将两端折向同一个方向，将线绳从中间穿过并夹紧，即可把线引过来，因为一般装订机打出的眼儿是可以穿过的。

(4)在凭证的背面打线结。线绳最好在凭证中端系上。

(5)将护角向左上侧折,并将一侧剪开至凭证的左上角,然后抹上胶水,向后折叠,并将侧面和背面的线绳扣粘死。

(6)待晾干后,在凭证本的脊背写上"某年某月第几册共几册"的字样。装订人在装订线封签处签名或者盖章。现金凭证、银行凭证和转账凭证最好依次顺序编号,一个月从头编一次序号,如果单位的凭证少,可以全年顺序编号。

6. 如何保管会计凭证?

会计凭证的保管过程中应当注意以下几个方面:

(1)记账凭证在装订成册之前,原始凭证一般是用回形针或大头针固定在记账凭证后面,在这段时间内,凡使用记账凭证的出纳人员都有责任保管好原始凭证和记账凭证,使用完后要及时传递,不得积压,并且要严防在传递过程中散失。

(2)装订成册的会计凭证要按年分月顺序排列,并指定专人保管,但出纳不得兼管会计档案。年度终了后,可暂由财会部门保管一年,期满后,编造清册移交本单位的档案部门保管。保管时,要防止受损、弄脏、霉烂以及鼠咬虫蛀等。

(3)对于数量过多的原始凭证,如工资单、领料单等,可以单独装订保管,但应在封面上注明原始凭证的张数、金额,所属记账凭证的日期、编号、种类。封面应一式两份,一份作为原始凭证装订成册的封面,封面上注明"附件"字样;另一份附在记账凭证的后面,同时在记账凭证上注明"附件另订"和原始凭证的名称及编号,以备查考。

(4)各种经济合同、存出保证金收据以及涉外文件等重要原始凭证,应当另编目录,单独登记保管,并在有关的记账凭证和原始凭证上相互注明日期和编号。

(5)原始凭证一般不得外借,查阅会计凭证应办理查阅手续,经本单位有关领导批准。调阅时,应填写“会计档案调阅表”,详细填写调阅会计凭证的名称、调阅日期、调阅人姓名、调阅理由、调阅批准人。其他单位如因特殊原因需要使用原始凭证时,可以复制,但须经本单位会计机构负责人、会计主管人员批准并在本单位财会人员监督下进行,并应登记与签字。向外单位提供的原始凭证复制件,应当专设登记簿登记,说明所复制的会计凭证名称、张数,并由提供人员和收取人员共同签名或者盖章。

7. 对会计凭证的保管期限和销毁手续有何规定?

会计凭证的保管期限和销毁手续必须严格按照《会计档案管理办法》的有关规定执行。一般会计凭证应保存15年,银行存款余额调节表保存3年,而对重要的会计凭证,如涉及外事的会计凭证等,则应永久保存。

在确定会计凭证保管期满可以销毁时,应报上级主管部门批准。在销毁前,对其中所涉及的未了结的债权债务的原始凭证,要由会计部门和档案部门共同抽出,并整理立卷保管,直至债权债务结清为止。

第四章　出纳账簿业务

第一节　会计账簿

1. 什么是会计账簿？

会计账簿也简称为账簿，它是以会计凭证为依据，延续、系统、全面、综合地记录和反映各项经济业务内容的簿籍，由相互联系的专门格式和账页所组成。设置和登记账簿是会计核算的一种专门方法，也是会计核算的主要环节。

2. 会计账簿包括哪些种类？

账簿可以从以下角度进行分类(见图 4-1)：

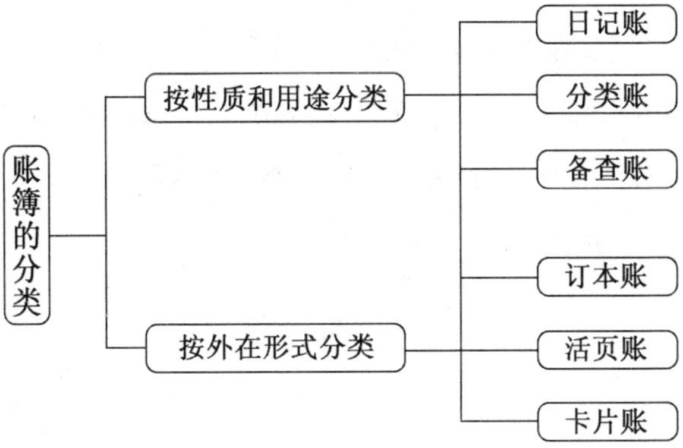

图 4-1　账簿的分类

(1)按性质和用途分类。

账簿按其性质和用途,可分为日记账、分类账和备查账。

①日记账。也称序时账簿,是按经济业务发生时间的先后顺序记录经济业务的账簿,该种账簿按照所记录的经济业务范围的不同,又分为普通日记账和特种日记账。普通日记账用来序时记录所有经济业务。特种日记账用来序时记录某种经济业务。例如,现金日记账、银行存款日记账等都是特种日记账。日记账要天天记并结出余额。

②分类账。是按照账户分类记录各项经济业务的账簿。该账簿按照分类详细程度的不同,分为总分类账簿和明细分类账簿。总分类账簿,简称总账,是根据一级会计科目设立的总分类账户,按照总括分类记录全部经济业务的账簿。它可以提供各种资产、负债、费用、成本、收入等总括核算资料。明细分类账簿,简称明细账,是按照二级或明细会计科目设立的分类账户。

③备查账。又称辅助账,是对日记账和分类账簿中不能记载或记载不全的经济业务进行补充登记的账簿。它主要用来记录一些供日后查考的有关经济事项,如租入、租出固定资产登记簿,代销商品登记簿等。

(2)按外在形式分类。

账簿按照外在形式,可分为订本账、活页账、卡片账。

①订本账。是将账页固定装订成册的账簿。这种账簿可避免账页散失,防止损抽账页,易于归档保管。因此,一般规定总分类账簿和现金日记账、银行存款日记账等采用订本账。

②活页账。是将账页装订在账夹中的账簿。此种账簿可根据需要增加账页,便于记账工作的分工,但易于散失或被抽损。这种账簿在使用前要连续编号,登记使用完后装订成册。明细分类账多为活页账。

③卡片账。是将账卡装在账卡箱中的账簿。特点是比较灵活,可根据需要增添、调整,但也易于散失。

3. 怎样装订会计账簿?

账簿在使用过程中,应妥善保管。账簿的封面颜色,同一年度内力求统一，逐年更换颜色，便于区别年度。这样，在找账、查账时就会比较方便。账簿内部，应编好目录，建立索引。注意贴上相应数额的印花税票。

活页账本可以用线绳系起来，通常使用活页摇夹方法来处理。其使用方法是：

（1）用摇手插入账簿侧面的孔中，向右旋转，开启摇夹。

（2）旋去螺帽，取去簿盖。

（3）将账簿活页装入，可随意装用，最多可装 300 页。

（4）复上簿盖，旋上螺帽，再用摇手向左旋转，锁紧摇夹。以上方法的使用如图 4-2 所示。活页摇夹的络链条长 50 毫米，账页在装入取出过程中，摇手旋转链条时要注意账页轧住链条节头，当账页被轧住时，摇手旋转不动，千万不要强旋，要用手轻轻摇动链条节头，不使账页轧住，然后开启或锁紧摇夹。这样可保持长期使用。

图 4-2　活页账的装订

摇夹使用的特点是比较安全，因为账簿摇紧后，其他人员如果没有专门工具，不容易随意抽取、更换账页，从而使得账页不易散失；其缺点是成本相对高。

账簿在过次年后，应将账簿装订整齐，活页账要编好科目目录、页码，用线绳系死，然后贴上封皮，在封皮上写明账簿的种类、单位、时间，在账簿的脊背上，也要写明账簿种类、时间。

会计业务量小的公司，账簿可以不贴口取纸；会计业务量大的公司，账簿上应该贴口取纸，可以按一级科目或材料大类，按账页顺序由前往后，自上而下地粘贴，当合起账簿时，全部口取纸应该整齐，均匀，并能够显露出科目名称，不要在账簿上下两侧贴口取纸，而应在右侧粘贴，这样，可保证整齐，存档时可以直立放置，以便抽取。

第二节 现金日记账

1. 什么是现金日记账？

日记账是按照经济业务发生的时间顺序，逐日逐项登记的账簿，故又称"序时账"，主要包括现金日记账和银行存款日记账，从其实质来讲，现金日记账和银行存款日记账分别属于现金、银行存款的明细账，但由于现金、银行存款需要非常严格的管理，在发生和现金、银行存款有关的业务后，需要马上进行记录，因此将现金、银行存款的明细账叫作日记账。现金出纳账簿，主要指现金日记账，是出纳用以记录和反映现金增减变动和结存情况的账簿。出纳人员既是现金、银行存款的保管者，同时又是现金日记账和银行存款日记账的记录者。

2. 现金日记账包括哪些内容？

由于各个单位所处行业特点以及业务活动对现金出纳工作的要求不同，现金出纳账的内容略有不同，但一般应具备以下基本内容：

(1)封面。

在账簿封面上应标明账簿名称及单位名称，以及所属年份。

(2)启用登记表。

每本出纳账的扉页都要填明启用日期、截止日期、页数、册数、经管人员一览表和签章以及单位公章等。

(3)账页。

账页应包括记账日期(年、月、日)凭证种类及编号、经济业务摘要、收入金额、付出金额、结存金额、对应科目等。

3. 对现金日记账的设置有何要求?

任何一个单位,只要有现金收付业务发生,就必须设置现金日记账,做到有钱就有账,以账管钱,收付有记录,清查有手续,保证现金的安全与合理使用。

现金日记账的设置,必须遵循一定的原则,必须符合《会计基础工作规范》和国家统一的会计制度要求,力求以简明的格式,及时、准确、全面地反映现金收付及其结存情况。为了加强现金管理,采用手工记账的单位,现金日记账必须采用订本式账簿。现金和银行存款种类较多并由多名出纳人员分管的,或者实行定额备用金制度和管理要求较高的,设置现金日记账的明细户数可以多一些,格式也可以细一些。现金日记账的账页格式有“三栏式”和“收付分页式”两种。

4. 如何启用现金日记账?

现金日记账是各单位重要的经济档案之一,因此,为了保证账簿使用的合法性,明确责任,保证账簿资料的完整和便于查找,各单位在启用账簿时,首先要按规定内容逐项填写“账簿启用表”和“账户目录表”。

在账簿启用表中,应写明单位名称、账簿名称、账簿编号和启用日期;在经管人员一栏中写明经管人员姓名、职别、接管或移交日期,由会计主管人员签名盖章;在“公章”处加盖单位公章。在一本日记账中设置有两个以上现金账户的,应在“账户目录表”中注明个账户的名称和页码,以方便登记和查核。

5. 如何登记现金日记账?

现金日记账应该做到账款相符,即将现金日记账每天的日末账面余额与所保管的实际库存现金核对相符。每日终了时,应计算本日现金收入、支出合计数和结存数,(条件许可的话还可以与库存现金实存数核对相符)做到账款相符,日清月结。

按照会计制度规定,现金日记账由出纳员根据审核后的现金收、付款凭证进行逐日逐笔序时登记。同时,由其他会计人员根据收、付款凭证,汇总登记总分类账。由于从银行提取现金业务,只填银行存款付款凭证,不填现金收款凭证,因此,从银行提取现金的收入数,应根据银行存款付款凭证登记“借方(收入)”栏。具体来讲,现金日记账的登记方法如下:

(1)将登账时的日期填入“日期”栏内。

(2)将登账所依据的反映银行存款增减业务的收、付款凭证编号,填入“凭证号”栏内,以便日后核对、查询。

(3)将收付款凭证的摘要内容填入日记账的“摘要”栏内。

(4)根据收、付款凭证中的会计分录,将与“银行存款”科目相对应的科目名称填入“对方科目”栏。

(5)按不同业务的内容,将银行存款的增减金额填入“借”或“贷”栏内,并结出余额。

(6)日记账必须逐笔登记,不能合并。

(7)日记账每日要结出当日的发生额和余额,并划红线结账。现金日记账的登记方法与银行存款日记账的登记方法相同,其依据的收、付款凭证主要反映现金增、减变化的经济业务。

现金日记账要逐日逐笔登记,每日结出发生额和余额,其余额数要与库存现金实有数相核对。如发现账存与实存不相符时,需立即查找原因。现金日记账的格式与银行存款日记账的格式相似。

6. 登记现金日记账有何要求?

登记现金日记账的总要求是:分工明确,专人负责,凭证齐全,内容完整,登记及时,账款相符,数字真实、准确,书写工整,摘要清楚,便于查阅,不重记、漏记、错记,按期结账,不拖延,按规定方法更正错账等。具体要求是:

（1）根据复核无误的收、付款记账凭证记账。如果原始凭证上注明“代记账凭证”字样，经有关人员签章后，也可作为记账的依据。

（2）所记载的内容必须同会计凭证相一致，不得随便增减。出纳员登记出纳账簿时，应将会计凭证日期、编号、业务内容摘要和其他有关资料逐项填入账内，做到数字准确、摘要清楚、登记及时、字迹工整。

（3）逐日、逐笔序时登记，并于当日结出余额，不拖延积压。

（4）连续登记，不得随便更换账簿，不准撕毁账页，作废的账页也应留在账簿中。在一个会计年度内，账簿尚未用完时，不得以任何借口更换账簿或重抄账页。不得跳行、隔页，如不慎发生跳行、隔页时，应在空页或空行中间划线加以注销，或注明“此行空白”、“此页空白”字样，同时由记账人员盖章，以示负责。

（5）按时结账，账款相符，做到日清月结。现金日记账不得出现贷方（或红字）余额。

（6）日记账中书写的文字和数字上面要留有适当空格，不要写满格，一般应占格距的一半。登记日记账要用蓝黑墨水或碳素墨水书写，不得使用圆珠笔、铅笔书写。红色墨水只能在结账划线、划线更正错误和红字冲账时使用。

第三节　银行存款日记账

1. 什么是银行存款日记账？

银行存款日记账是专门用来记录银行存款收支业务的一种特种日记账，是逐日、逐项记录一个单位银行存款收、付及结存情况的账簿。银行存款日记账必须采用订本式账簿。银行存款日记账的设置与现金日记账基本相同，不同之处是在摘要栏后要增设“结算凭证”和“对方科目”两栏，以便与银行对账单核对。其账页格式一般采用“收入”(借方)、“支出”(贷方)和“余额”三栏式。银行存款收入数额应根据银行收款凭证及有关的现金付款凭证登记。每日业务终了时,应计算登记当日的银行存款收入合计数、银行存款支出合计数,登记账面结余额,以便检查监督各项收入和支出款项。

银行存款日记账也可以采用多栏式,即将收入栏和支出栏分别按照对方科目设置若干专栏。多栏式银行存款日记账按照银行存款收、付的每一对应科目设置专栏进行序时、分类登记,月末根据各对应科目的本月发生额一次过记总账有关账户,因而不仅可以清晰地反映银行存款收、付的来龙去脉,而且可以简化总分类账的登记工作。在采用多栏式银行存款日记账的情况下,如果银行存款收、付的对应科目较多,为了避免账页篇幅过大,可以分设银行存款收入日记账和银行存款支出日记账。

银行存款日记账由出纳员根据银行存款收款凭证、银行存款付款凭证逐日逐笔顺序登记,登记银行存款日记账的要求与登记现金日记账的要求基本相同。应当注意的是,银行存款日记账的余额应与银行存款总账的余额核对相符。为了避免银行存款账目发生差错,企业应至少每月与银行对一次账,将银行存款日记账与银行对账单进行逐笔核对。

2. 如何登记银行存款日记账?

银行存款日记账的登记与现金日记账的登记基本一致,我们通过举例的方法,对银行日记账的登记方法进行讲述。

宇宙公司 2012 年 1 月 6 日发生了以下几笔业务:

(1)销售甲产品 50 吨,货价和增值税合计为 58 500 元,其中货价为 50 000元;

(2)购买办公用品 1 268 元。

以上业务的会计分录如下:

业务 1:

借:银行存款　　58 500

　贷:主营业务收入——甲产品　　50 000

应交税费——应交增值税(销项税额)　　8 500

业务 2:

借:管理费用　　1 268

贷:银行存款　　1 268

银行存款日记账的登记见表 4-1。

表 4-1　　**银行存款日记账**

2012 年		凭证号码		对方科目	摘要	收入	付出	结余
月	日	字	号					
1	1				承前页			52 300.00
	6	银收	1	主营业务收入	销售甲产品 50 吨	50 000.00		
				应交税费		8 500.00		
	6	银付	2	管理费用	购入办公用品		1 268.00	
					本日合计	58 500.00	1 268.00	109 532.00

3. 如何核对银行存款日记账?

银行存款日记账的核对是通过与银行送来的对账单进行核对完成的。银行存款日记账的核对主要包括两个方面:一是银行存款日记账与银行存款收、付款凭证的核对;二是银行存款日记账和银行存款总账的核对。

(1)账证核对。收付款凭证是登记银行存款日记账的依据,账目和凭证应该是完全一致的,但是在记账过程中由于各种疏忽会造成不一致的情况,所以可按照业务发生的先后顺序逐笔进行核对。

(2)账账核对。银行存款日记账是根据收付款凭证逐笔登记的,银行存款总账是根据收付款凭证汇总登记的,记账依据相同,故记录结果应该一致。但由于两个账簿是由不同人员分别记账,而且总账一般是汇总登记,在汇总和登记过程中,可能发生差错。平时应经常核对两账的余额,每月终了结账后,总账各科目的借方发生额、贷方发生额以及月末余额都已试算平衡后,一定还要将其分别同银行存款日记账中的本月收入合计数、支出合计数和余额相互核对。

（3）账实核对。各单位在银行中的存款实有数是通过银行对账单来反映的，所以账实核对是将银行存款日记账定期与银行对账单核对，至少每月一次，这是出纳人员的一项重要工作。

第五章　出纳现金业务

第一节　现　　金

1. 什么是现金?

按照国际惯例,现金是指可随时作为流通与支付手段的票证。会计范畴的现金又称库存现金,是指存放在企业并由出纳人员保管的现钞,包括库存的人民币和各种外币。它可以随时用来购买所需物资,支付日常零星开支,偿还债务等,是流动性最强的一种货币性资产。

从理论上来讲,现金的概念有广义和狭义之分。

广义的现金包括库存现金和视同现金的各种银行存款、流通证券等;狭义的现金仅指企业的库存现金,即会计范畴的现金,是企业所拥有的硬币、纸币,由企业出纳人员保管作为零星业务开支之用的库存现款,包括人民币现金和外币现金。我们通常所说的现金是指狭义的现金。

由于现金是流动性最强的资产,加强现金管理能保证货币发行权集中于中央,这对于保护企业资产安全和完整、维护社会经济秩序具有十分重要的意义。因此,国家对于现金的使用管理有着较为严格的规定,国务院由此颁布了《现金管理暂行条例》。

2. 如何办理现金的提取业务?

当各单位需要用现金发放工资,或者需要用现金支付而库存现金小于库存现金定额而需要现金补足时,除了按规定可以用非业务性现金收入补充以及国家规定可以坐支的以外,均应按规定在银行规定的现金使用范围内从银行提取现金。现金提取过程可分为三个步骤,即签发现金支票、取款并清点、记账。

(1)签发现金支票。

现金支票是专门用于支取现金的一种支票,由存款人签发,委托开户银行向收款人支付一定数额的现金。开户单位应按现金的开支范围签发现金支票,现金支票的金额起点为100元,其付款方式是见票即付。

签发现金支票应认真填写支票的有关内容,如款项用途、取款金额、签发单位账号、收款人名称(开户单位签发现金支票支取现金,是以自己为收款人)、加盖财务章和名章等。现金支票的具体填写要求是:必须使用钢笔,用碳素墨水按支票排定的号码顺序填写,书写要认真,不能潦草,不能用蓝墨水,更不能用红墨水填写;签发日期应填写实际出票日期,不得补填或预填日期;收款人名称填写应与预留印鉴名称保持一致;大小写金额必须按规定书写,如有错误,不得更改,须作废重填;用途栏应填清真实用途;签章不能缺漏,必须与银行预留印鉴相符。

(2)取款并清点。

取款人持出纳人员签发的现金支票到银行取款时,一般要遵从以下几个步骤:

①将现金支票交银行有关人员审核。

②审核无误后将支票交给经办单位结算业务的银行出纳人员,等待取款。

③银行经办人员对支票进行审核,核对密码及预留印鉴后,按规定办理付款手续。

④取款人应根据银行经办人员的要求回答应提取的数额,回答无误后

银行经办人员即照支票付款。

⑤取款人收到银行出纳人员付给的现金时，应当面清点现金数量，清点无误后才能离开柜台。

(3)记账。

各单位用现金支票提取现金，应根据支票存根编制银行存款付款凭证，其贷方科目自然为“银行存款”，其借方科目则为“库存现金”，其会计分录为：

借：库存现金　　×××

　贷：银行存款　　×××

3. 清点现金的过程中应注意哪些事项？

取款人收到银行出纳人员付给的现金时，应当面清点现金数量，清点无误后才能离开柜台。一般来说，取款人在清点现金时，要注意以下几点：

(1)清点现金，特别是在单位清点最好由两人以上同时进行。

(2)清点现金应逐捆、逐把、逐张进行。清点时不能随意混淆或丢弃每一把的腰纸，只有把全捆所有把数清点无误后，才可以将每把的腰纸连同每捆封签一起扔掉。

(3)在清点时发现有残缺、损伤的票币，以及假钞应向银行要求调换。

(4)所有现金应清点无误后才能发放使用，切忌一边清点一边发放，否则一旦发生差错将无法查清。

(5)在清点过程中，特别是回单位清点过程中，如果发现确有差错，应将所取款项保持原状，通知银行经办人员，妥善进行处理。

4. 哪些项目需要用现金支付？

按照《现金管理暂行条例》的规定，企业可以在下列范围内支付现金：

(1)职工工资、各种工资性津贴。

(2)支付给个人的各种奖金。

(3)各种劳保、福利费用以及国家规定的对个人的其他现金支出。

(4)个人劳务报酬。

(5)单位出差人员必须随身携带的差旅费。

(6)收购单位向个人收购农副产品和其他物资的价款。

(7)结算起点以下的零星支出。

(8)中国人民银行确定需要现金支付的其他支出,如因采购地点不确定、交通不便,抢险救灾以及其他特殊情况,办理转账结算不够方便,必须使用现金的支出。

(9)除上述第(5)、第(6)两项之外,各单位支付给个人的款项中每人每次不得超过本单位的限额,超过限额部分,可根据提款人的要求在指定的银行转为个人储蓄存款或以支票、银行本票支付。确需全额支付现金的,应经开户银行审查批准后予以支付。

(10)在银行开户的个体工商户、农村承包经营户异地采购的货款应通过银行以转账方式进行结算。如遇前述第(8)项特殊情况需使用现金应由开户人向开户银行提出申请,开户行根据需要支付现金。

(11)机关、团体、部队、全民所有制和集体所有制企业、事业单位购置国家规定的专项控制商品,必须采取转账结算方式,不得使用现金结算。

5. 支付现金遵循什么原则?

出纳人员必须以严肃谨慎的态度处理现金支付业务,因为一旦发生失误,将会造成不可追补的经济损失。现金支付主要有以下几个原则:

(1)必须以真实、合法、准确的付款凭证为依据。

(2)必须以谨慎严肃的态度来处理支付业务,宁可慢一些,也不能疏忽大意。

(3)必须以手续完备、审核无误的付款凭证为最终付款依据。

(4)现金支付时,当面点清,双方确认无误。

(5)不得套取现金用于支付。套取现金是指逃避现金审查,采用不正当手段支取现金的违法行为。主要有以下几种表现:

①编造合理用途或以支取差旅费、备用金的名义支取现金。

②利用私人或其他单位的账户支取现金。

③用公款转存个人储蓄账户支取现金。

④用转账方式通过银行、邮局汇兑，异地支取现金。

⑤用转账凭证换取现金。

⑥虚报冒领工资、奖金和津贴补助。

6. 现金支付业务的程序是什么？

支付现金有主动支付和被动支付两种情形。主动支付是指出纳部门主动将现金付给收款单位和个人，如发放工资、奖金、薪金、津贴以及福利等现金支出，其程序如下：

(1)根据有关的资料编制付款单，并计算出付款金额。

(2)根据付款金额清点现金(不足应从银行提取)，按单位或个人分别装袋。

(3)现金发放时，如果是直接发给收款人的，要当面清点并由收款人签收(签字或盖章)；如果是他人代为收款的，由代收人签收。

(4)根据付款单等资料编制记账凭证。

(5)根据记账凭证登记现金日记账。

被动支付是指收款单位或个人持有关凭据到出纳部门领报现金，其程序如下：

(1)受理原始凭证，如报销单据、借据、其他单位和个人的收款收据等。

(2)审核原始凭证。

(3)在审核无误的付款凭证上加盖“现金付讫”印章。

(4)支付现金并进行复点，要求收款人当面点清并签收。

(5)根据原始凭证编制记账凭证。

(6)根据记账凭证登记现金日记账。

7. 现金支付的方式有哪些？

在出纳工作中，现金支付有直接支付现金和支付现金支票两种基本方式。

直接支付现金方式,是指出纳人员根据有关支出凭证直接支付现金,减少库存现金的数量。使用这种方式支付现金,出纳部门或人员要事先做好现金储备,在不超过库存现金限额的情况下,保障现金的支付。

支付现金支票方式,是指出纳人员根据审核无误的有关凭证,将填好的现金支票交给收款人,由收款人直接到开户银行提取现金的支付方式,主要适用于大宗的现金付款业务。

8.如何办理现金的送存业务?

根据规定,各单位必须按开户银行核定的库存限额保管、使用现金,在日常现金收支业务中,除了根据规定可以坐支的现金和非业务性零星收入收取的现金,可以用于补足库存现金限额的不足的外,其他业务活动取得的现金及超过库存现金限额的现金,都必须及时送存银行。送存现金的基本程序如下:

(1)整点票币。

送款前应将送存款清点整理,按币别、币种分开。纸币要平铺整齐,将同面额的纸币摆放在一起,按每一百张为一把整理好,用纸条在腰中捆扎好,不够整把的,从大额到小额顺放;将同额硬币放在一起,壹元、伍角、壹角硬币,按每伍拾枚用纸卷成一卷,分币按一百枚用纸卷成一卷,十卷为一捆,不足一卷的一般不送存银行,留作找零用。最后合计出需要存款的金额。

残缺破损的纸币和已经穿孔、裂口、破缺、压薄、变形以及正面的国徽、背面的数字模糊不清的硬币,应单独剔出,另行包装,整理方法与前同。

(2)填写现金解款单。

款项清点整齐核对无误后,由出纳人员根据整点好的存款金额填写现金解款单。各种币别的金额合计数应与存款金额一致。现金解款单为一式三联或一式二联,这里以中国工商银行上海市(分行)现金解款单(三联单)为例,第一联为回单,此联由银行盖单后退回存款单位;第二联为收入凭证,此联由收款人开户银行作凭证;第三联为附联,作附件,是银行出纳留底联。

出纳人员在填写现金解款单时,必须注意以下几点:

①要用双面复写纸复写。

②交款日期必须填写交款的当日。

③收款人名称应填写全称。

④款项来源要如实填写。

⑤大小写金额的书写要标准。

⑥券别明细的张数和金额必须与各券别的实际数一致,1 元、5 角、1 角等既有纸币又有硬币的,应填写纸币、硬币合计的张数和金额。

(3)送存交款。

以上两个步骤完成后,应将送存款连同现金解款单一并送交银行柜台收款员。票币要一次性交清,当面清点,如有差异,应当面复核。银行核对后在现金解款单上加盖"现金收讫"和银行印鉴后将第一联即回单联退回交款人,表示款项已收妥。收款人在拿到回单联后应及时检查,确认为本单位交款回单,在银行有关手续已经办妥后即可离开柜台。

出纳人员在送存现金时应注意以下事项:

①交款人最好是现金整理人,这样可以避免发生差错时难以明确责任。

②凡经整理好准备送存银行的现金,在填好现金解款单后,一般不宜再调换票面,如确需调换的,应重新复点,同时重新填写现金解款单。

③送存途中必须注意安全,当送存金额为较大的款项时,最好用专车,并派人护送。

④临柜交款时,交款人必须与银行柜台收款员当面交接清点,做到一次交清,不得边清点边交款。

⑤交款人交款时,如遇到柜台较为拥挤,应按次序等候。等候过程中,应做到钞票不离手,不能置于柜台之上,以防发生意外。

(4)记账。

在现金送存的不同阶段,应当根据具体情况进行记账。

①由出纳人员送存银行的。

如果现金是由出纳人员汇总后送存银行的，则收到现金时财务部门应根据实际情况编制如下会计科目：

借：库存现金 ×××

贷：主营业务收入（相关科目） ×××

②取回现金解款单后的。

交款人将现金送存银行并取回现金解款单（回单联）后，财务部门应根据回单联填制现金付款凭证，其贷方科目为“库存现金”，其借方科目则为“银行存款”，其会计分录为：

借：银行存款 ×××

贷：库存现金 ×××

③由企业柜台直接送存银行的。

如果现金不是由出纳人员汇总后送存银行，而是由企业柜台直接送存银行，则财务部门应根据现金解款单（回单联）直接编制银行存款收款凭证，其借方科目为“银行存款”，贷方科目则依具体情况而定，会计分录如下：

借：银行存款 ×××

贷：主营业务收入（或相关科目） ×××

9. 什么是备用金？如何进行备用金管理？

所谓备用金是指企业财会部门事先预付给各部门的，用于各部门备用的款项，一般用作零星开支、零星采购、售货找零或差旅费等。备用金制度有利于单位内部各部门或工作人员积极灵活地开展业务，提高工作效率。各部门取得备用金后，应加强管理，备用金管理包括借支管理和保管管理。

（1）备用金借支管理。

①企业各部门填制“备用金借款单”，一方面财务部门核定其零星开支便于管理；另一方面，凭此单据支付现金。

②各部门零星备用金一般不得超过规定数额，若有特殊需要应由企业部门经理核准。

③各部门零星备用金借支应将取得的正式发票定期送到财务部门备用

金管理人员(出纳人员)手中,冲转借支款或补充备用金。

(2)备用金保管。

①备用金收支应设置“备用金”账户,并编制“收、支日报表”送相关管理人员。

②定期根据取得的发票编制备用金支出一览表,及时反映备用金支出情况。

③备用金账户应做到逐月结清。

④出纳人员应妥善保管与备用金相关的各种票据。

第二节　现金出纳凭证

1. 什么是现金出纳凭证?

现金出纳凭证是记录现金收付业务活动,明确现金出纳工作中经济责任的书面证明,是登记现金账簿的重要依据。现金出纳凭证可分为原始凭证和记账凭证两种。现金出纳的原始凭证主要是出纳收入现金和支出现金的会计凭证。现金出纳的记账凭证主要是根据现金收付业务的原始凭证编制的现金收款记账凭证和现金付款记账凭证。

2. 现金出纳凭证的种类有哪些?

(1)发票。

发票,是指企事业单位在购销商品,提供和接受劳务以及从事其他经营活动中开具的票据。它是进行会计核算的原始凭证,也是税务机关进行税务稽查的重要依据。

①普通发票。其基本内容包括:发票的名称、联次及用途、客户名称、商品名称、计量单位、数量、单价、大小写金额、开票人、开票日期、开票单位名

称等。发票内容应当包括代扣、代收、委托代征税款的税率和代扣、代收、委托代征税款额。

②增值税专用发票。它是按照税法规定应当缴纳增值税的单位和个人在销售货物或者应税劳务时,购买方向接受劳务方开具的发票,是计算和缴纳增值税款的基础和前提。

(2)收据。

①非经营性收据。指国家机关、事业单位等按规定收取相关费用和咨询服务费所开具的收据。非经营性收据由国家财政部门统一印制或加盖监制章,国家机关、事业单位在按规定收取各种费用时必须开具非经营性收据。

②内部收据。一般用于单位内部职能部门与职工之间的现金往来及与外部单位和个人之间的非经营性资金往来。企业支付款项收到内部收据时,不可以进行账务处理,必须取得正式收据,否则视为白条。

3. 如何填制现金出纳凭证?

填制现金出纳凭证要求做到内容齐全,书写清晰,数据规范,会计科目准确,编号合理,签章手续完备等。

(1)现金出纳凭证的内容必须齐全。凡是凭证格式上规定的各项内容必须逐项填写齐全,不得遗漏和省略,以便完整地反映经济活动全貌,这是填制现金出纳凭证最起码的要求。

(2)填写现金出纳凭证的文字、数字必须清晰、工整、规范。

(3)记账凭证中所运用的会计科目必须适当。按照原始凭证所反映的现金出纳业务的性质,根据会计制度的规定,确定应“收”、应“付”会计科目,需要登记明细账的还应列明二级科目和明细科目的名称并据以登账。

(4)现金出纳凭证要求连续编号以便备查。记账凭证一般是按月顺序编写,即将每月第一天第一笔现金收付事项作为会计凭证的第一号,顺序编至月末。不允许漏号、重号、错号。为了防止记账凭证丢失,应在填制凭证时及时编号。

（5）签章必须完备。从外单位或个人处取得的原始凭证，必须盖有填制单位的公章或财务专用章；出纳人员办理收付款项以后，应在收付款的原始凭证上加盖“收讫”、“付讫”戳记；记账凭证中要有凭证填制人员、稽核人员、记账人员、会计主管人员的签名或盖章。另外，凡是经过审查和处理的凭证，必须加盖规定的公章和人员的签章；传票附件要加盖“作附件”戳记；对外的重要单证如存单、存折、收据等应加盖业务公章。

4. 如何审核现金出纳凭证？

（1）形式上的审核。审核凭证的填写是否符合规定的要求；填写的基本内容是否完整；有关经办人员是否签章，书写的字迹是否清晰，有无涂改、污损和不符合规定的更改；数字的计算和计量单位、数量、单价、金额是否正确，大小写金额是否相符；记账凭证是否附有原始凭证，内容是否一致，金额是否相符，其摘要是否简明扼要。

（2）实质上的审核。审核凭证所反映的经济业务是否符合国家方针、政策、行业法令法规。包括报销的开支是否超标准、超计划；是否正确运用会计科目；现金收支是否符合成本开支范围和费用开支标准，是否符合现金管理规定；是否受理印有“不作报销凭证”字样和盖有“报销无效”戳记的原始凭证等。

第三节　现金出纳核算

1. 什么是现金出纳账簿？如何登记？

现金出纳账簿，主要指现金日记账，是出纳用以记录和反映现金增减变动和结存情况的账簿。这里我们通过一个案例讲述现金出纳业务中，会计凭证的编制和现金日记账的登记：

长虹公司 2012 年 1 月 15 日发生了如下现金收支业务：

(1)为职工李某报销医药费 326 元；

(2)作为办公用品，购入打印机硒鼓一个 589 元；

(3)收到本公司的子公司新兴公司支付的 2011 年度股利 16 000 元。

编制以上业务的记账凭证，并登记现金日记账(见表 5-1 ~ 表 5-4)。

表 5-1 **记账凭证 1**

记 账 凭 证																	
2012 年 01 月 15 日											编号		2012-1-008				
摘　要	一级科目	二级或明细科目		万	千	百	十	元	角	分	万	千	百	十	元	角	分
报销李某医药费	应付福利费	医药费				3	2	6	0	0							
	库存现金												3	2	6	0	0

财会主管：李华　　记账：张华　　出纳：赵武　　复核：刘清　　制单：陈峰

表 5-2 **记账凭证 2**

记 账 凭 证																	
2012 年 01 月 15 日											编号		2012-1-009				
摘　要	一级科目	二级或明细科目		万	千	百	十	元	角	分	万	千	百	十	元	角	分
购入打印机硒鼓 1 个	管理费用	办公耗材				5	8	9	0	0							
	库存现金												5	8	9	0	0

财会主管：李华　　记账：张华　　出纳：赵武　　复核：刘清　　制单：陈峰

表 5-3 **记账凭证 3**

记 账 凭 证																	
2012 年 01 月 15 日												编号			2012-1-010		
摘 要	一级科目	二级或明细科目		万	千	百	十	元	角	分	万	千	百	十	元	角	分
收到新兴公司 2011 年股利	库存现金			1	6	0	0	0	0	0							
	应收股利	新兴公司									1	6	0	0	0	0	0

财会主管:李华　　记账:张华　　出纳:赵武　　复核:刘清　　制单:陈峰

表 5-4 **现金日记账**

2012 年		凭证号码		对方科目	摘要	收入	付出	结余
月	日	字	号					
					承前页			1 356
1	15	总字	008	应付福利费	报销药费		326	
	15	总字	009	管理费用	购入办公用品		589	
	15	总字	010	长期投资	取得现金股利	16 000		
	15				本日合计	16 000	915	16 441

2. 什么是现金出纳核算?

现金出纳核算,又叫序时核算,是通过出纳人员设置的现金日记账进行的。将经过审核的现金收款凭证和付款凭证按先后顺序逐日逐笔全部登记入账,并逐日结出金额与库存现金核对相符,以便于对现金收付业务开展日常的财务监督和事后的分析检查，并防止差错和挪用公款、贪污的现象发生，这是现金核算的重要内容。

3. 什么是现金收入业务？如何核算？

现金收入业务，是各单位在其生产经营和非生产经营活动中取得现金的业务，包括销售商品、提供劳务而取得现金的业务，提供非经营性服务而取得收入的业务以及其他罚没收入等。在进行现金收入业务时，一般要涉及原始凭证的填制和审核，记账凭证的填制和审核，现金收付及现金日记账的登记等。

不同的单位在收到现金时，所编制的记账凭证上借方科目为"现金"，而贷方科目则应根据收入现金业务的性质及会计制度规定来确定。各单位的现金收入按其性质可分为：

（1）经营业务收入。

如工业企业的产品销售收入或其他业务收入。发生该业务应编制会计分录：

借：库存现金（或相关科目）　　×××

　贷：主营业务收入（或其他业务收入）　　×××

　　应交税费——应交增值税（销项税额）　　×××

（2）非经营业务收入。

如企业的投资收入、营业外收入。发生该业务应编制会计分录：

借：库存现金　　×××

　贷：投资收益　　×××

借：库存现金　　×××

　贷：营业外收入　　×××

（3）预收现金款项。

如企事业单位按照合同规定预收的定金等。预收账款可以通过"预收账款"核算，不设该科目的可以并入"应收账款"核算。收到预收账款时应编制会计分录：

借:库存现金 ×××

贷:预收账款(应收账款) ×××

(4)其他现金收款业务。

主要指企事业单位向有关单位收取的罚款、赔款、押金等。发生该业务应编制会计分录:

①收取个人的罚款、赔款时。

借:库存现金 ×××

贷:其他应收款 ×××

②向其他单位或个人收取押金时。

借:库存现金 ×××

贷:其他应付款 ×××

4. 什么是现金支付业务? 如何核算?

现金支付业务,是指各单位在其生产经营过程和非生产性经营过程中向外支付现金的业务。它包括单位购买货物、接受劳务而支付现金的业务,发放工资业务,费用报销业务,以及向有关部门支付备用金等。现金支出时,一定要有有效的支出凭证,并严格审查支出凭证的审批手续。现金支付业务涉及原始凭证、记账凭证的填制审核。

任何单位必须具有一定的库存现金才能开展支出业务,当库存现金小于需用现金时,除按国家规定可以"坐支"的部分外,均应按规定从银行提取现金。用现金支票提取现金,根据支票存根编制银行存款付款凭证。具体现金支付业务主要有:

(1)工资发放业务。

计算好工资后,需从银行提取现金,出纳按每个员工的工资数或集体发放时整个部门的工资总额进行发放,并附以工资发放清单。发放工资的账务处理如下:

借:应付职工薪酬 ×××

贷:库存现金 ×××

（2）费用报销业务。

企事业单位在经营活动中会发生各种各样的费用，可持原始凭证到出纳处报销，出纳人员应认真审核这些开支是否符合各种规定，是否经有关人员批准。单位人员因公出差，可预支一些差旅费，其程序为先到财会部门领取并填写借款单，然后送所在部门领导和有关人员审查签字，出纳凭借款单支付现金。支付现金时，应编制以下会计分录：

借：其他应收款　　　　×××

　贷：库存现金　　　　×××

出差人员持各种原始凭证，如车票、住宿费到出纳处报销，若事前预借差旅费的，应根据预借金额多退少补；未预借的，则根据批准报销金额支付现金。

报销时，实际花费超过预支额的，应编制会计分录：

借：管理费用　　　　×××

　贷：其他应收款　　　　×××

　　库存现金　　　　×××

报销时，实际花费少于预支额的，多余部分应退回财务部门，这时应编制会计分录：

借：管理费用　　　　×××

　库存现金　　　　×××

　贷：其他应收款　　　　×××

5. 出现现金短缺或溢余如何进行账务处理？

（1）查明原因前的账务处理。

每日终了结算现金收支、财产清查等发现的有待查明原因的现金短缺或溢余，都必须进行账务处理。

①现金短缺。

借：待处理财产损溢——待处理流动资产损溢

　贷：库存现金

②现金溢余。

借:库存现金

贷:待处理财产损溢——待处理流动资产损溢

(2)查明原因后的账务处理。

①现金短缺。

A. 属于应由责任人赔偿的部分:

借:其他应收款——应收现金短缺款(××个人)　×××

贷:待处理财产损溢——待处理流动资产损溢　×××

B. 属于应由保险公司赔偿的部分:

借:其他应收款——应收保险赔款　×××

贷:待处理财产损溢——待处理流动资产损溢　×××

C. 属于无法查明的其他原因:

借:管理费用——现金短缺　×××

贷:待处理财产损溢——待处理流动资产损溢　×××

②现金溢余。

A. 属于应支付给有关人员或单位的:

借:待处理财产损溢——待处理流动资产损溢　×××

贷:其他应付款——应付现金溢余　×××

B. 属于无法查明原因的:

借:待处理财产损溢——待处理流动资产损溢　×××

贷:营业外收入——现金溢余　×××

第四节　现金管理

1. 现金管理有哪些原则?

根据现金管理制度的规定,现金管理应贯彻以下四个原则:

(1)收付合法原则。

收付合法原则,是指各单位在收付现金时必须符合国家的有关法律法规及方针政策的规定。具体来讲,要做到:

①现金的来源和使用必须合法。

②现金收付必须在合法的范围内进行。

(2)钱账分管原则。

钱账分管原则,即管钱的不管账,管账的不管钱。为保护现金的安全,会计工作岗位要有明确的分工,在财会部门内部建立相互制约和监督的机制。企业应配备专职的出纳人员负责办理现金收付业务和现金保管业务,任何非出纳人员均不得经管现金,这样便于相互核对账目,防止贪污盗窃和错账差款的现象发生。

①经管现金的出纳人员不得兼管收入、支出、债权债务账簿的登记工作、稽核工作和会计档案的保管工作;

②经营收入、支出、债权债务登记工作的会计人员,不得兼管出纳账登记工作、现金的收付工作和现金的保管工作。

(3)收付两清原则。

为了避免在现金收付过程中发生差错,防止收付发生长、短款,现金收付时要进行复核,不论工作多忙、金额大小或支付对象是否熟悉,出纳人员对收付的现金都要进行复核或由另外一名会计人员复核,切实做到现金收付不出差错;要做到收付款当面点清,对来财会部门取交现金的人员,要督促他们当面点清,如有差错当面解决,以保证收付两清。

(4)日清月结原则。

所谓日清月结,就是出纳人员办理现金出纳业务,必须做到按日清理,按月结账。这里所说的按日清理,就是指出纳对当日的经济业务进行清理,全部登记日记账,结出库存现金账面余额,并与库存现金实有数额核对相符。现金日记账每月至少结一次账,业务多的可10天或半个月定期结一次账,并与其他有关账目核对,检查是否账账相符。

2. 日清月结制度包括哪些内容？

(1)检查凭证。首先应检查各种现金收款凭证，将其与所附原始凭证核对，看是否与附件的金额、张数一致，以达到单证相符。同时，也应检查每种单证是否已加盖“收讫”、“付讫”的戳记。

(2)登记日记账。将当日所发生的现金收、付业务根据收付款凭证过入日记账，检查日记账的登记内容、金额与收付款凭证的内容、金额是否一致，并结出现金日记账当日账面余额。

(3)盘点库存现金。出纳人员应按人民币的面额分别清点数量，加总后得出当日现金的实存金额。将实存数额与现金账面余额核对，看两者是否相符，有无长短款现象。若有，查明后及时纠正，若是由于收付款过程中的失误而造成的，应由责任人负责赔偿；难以查明原因的，可报单位批准作为收益或损失处理。

(4)比较库存现金与库存现金限额。检查实际库存现金是否超过库存现金限额。如超过限额，出纳人员应将超过部分及时送存银行；如低于限额，则应补足现金。

3. 现金支出包括哪些内容？

(1)工资。

(2)差旅费的报销。单位工作人员因公出差需借支差旅费，应先到财务部门领取并填写借款单，按照借款单所列内容填写完整，然后送所在部门领导和有关部门人员审查签字。出纳人员根据自己的职权范围，审核无误后给予现金支付。出差人员回来后，应持各种原始凭证至出纳人员处报销，出纳人员要熟知差旅费的开支范围、标准等相关规定。

(3)差旅费以外的其他费用。各单位内部有关人员进行零星物品采购或单位职工支付医药费等费用，可持原始凭证到出纳处，出纳人员认真审核这些开支是否符合各种规定，是否有有关人员或部门批准后予以报销。出纳人员依据批准报销的金额支付现金，在原始凭证上加盖“现金付讫”戳记，并依此原始凭证编制记账凭证，登记日记账。

(4)备用金的预借。单位内部人员需领用备用金时，一般由经办人填写借款单据。借款单据可采用一式三联式凭证，第一联为付款凭证，财务部门作为记账依据；第二联为结算凭证，借款期间由出纳人员留存，报销时作为核对依据，报销后随同报销单据作为记账凭证的附件；第三联交借款人员保存，报销时由出纳人员签字后作为借款结算及时交回借款的收据。

(5)备用金的报销。备用金可以分为定额备用金和非定额备用金两种。

定额备用金，是指单位经常使用备用金的内部各部门或工作人员用作零星开支、零星采购、售货找零或差旅费等，按实际需要核定现金数额，并经常保持核定的数额。

非定额备用金，是指单位不经常使用备用金的内部各部门或工作人员，根据每次业务所需备用金的数额填制借款凭证，向出纳人员预借现金，使用后凭发票等原始凭证一次性到财务部门报销，多退少补，一次结清，下次再用时重新办理借款手续。

4.现金支出包括哪些程序？

(1)复核现金付款凭证。

(2)经复核无误后，在付款凭证所附的原始凭证上加盖“现金付讫”戳记。

(3)根据付款凭证所列金额付出现金。

(4)在付款凭证“出纳”栏签章。

(5)根据付款凭证登记现金日记账。

5.现金支付的原始凭证有哪些？

现金支付业务的原始凭证可分为外来原始凭证和自制原始凭证。外来原始凭证是由于向外购货或接受劳务服务，而由供货方或提供劳务、服务方填写的原始凭证。自制原始凭证，是由本单位在发生付款业务时由本单位统一制作或外购并填开的原始凭证。

常见的付款原始凭证有以下几种：

(1)工资表。工资表是各单位按月向职工支付工资的原始凭证。出纳人员按每个员工的工资数计算工资总额，通过银行办理，并附以工资发放清单。

(2)报销单。报销单是各单位内部有关人员为单位购买零星物品，接受外单位或个人劳务费或服务而办理报销业务，以及单位职工报销医药费、托补费等使用的单据。

(3)借据。借据是单位内部所属机构为购买零星办公用品，或职工因公出差等原因向出纳员借款时的凭证。

(4)领款收据。领款收据是本单位职工向单位领取各种非工资性奖金、津贴、补贴、劳务费和其他各种现金款项及其他单位或个人向本单位领取各劳务费、服务费时填制的，作为付款凭证的凭证。

(5)差旅费借款结算单。出差人员预先借差旅费也可以使用差旅费借款结算单作为原始凭证。

6. 如何复核现金付款凭证？

出纳人员在复核现金付款凭证时应注意以下几点：

(1)对于涉及现金和银行存款之间的收付业务，只填制付款凭证，不填制收款凭证。如将当日营业款送存银行，制单人员根据现金解款单(回单)编制现金付款凭证，借方账户为“银行存款”，贷方账户为“库存现金”，不再编制银行存款收款凭证。

(2)发生销货退回，如数量较少，且退款金额在转账起点以下，需用现金退款时，必须取得对方的收款收据，不得以退货发票代替收据编制付款凭证。

(3)从外单位取得的原始凭证，如遗失，应取得原签发单位盖有有关印章的证明，并注明原始凭证的名称、金额、经济内容等，经单位负责人批准，方可代替原始凭证。

7. 如何进行现金收入管理?

单位现金收入的来源,主要包括零售产品销售收入、各种业务收入以及其他的零星收入。各单位现金收入要合法,而且现金收入都应送存银行,需要现金支出时,一律从银行提取,不得任意“坐支”。

(1)现金的收入范围。

根据我国现金管理制度的规定,日常业务的现金收入范围有:

①出售给国有单位、集体单位或私营单位的产品、材料及其他物资或提供劳务、业务咨询、信息等服务,不能通过转账办理结算手续的收入。

②出售给个人的商品的现金收入。

③职工借用的备用金报销后退回的余款。

④其他应收取的利用现金结算的款项。

(2)现金收入管理的基本规定。

①现金收入必须合法合理。从银行提取现金时,应在国家规定的使用范围和限额内开出现金支票,并注明用途,由本单位财务部门负责人签字和盖章,经开户银行审核后,才能支取。任何单位都不得编造用途套取现金。

在日常业务中收入现金时,必须符合国家制定的现金收入范围,不得在出售商品和金额超过结算起点时,拒收银行结算凭证而收取现金,或按一定比例搭配收取现金等。

②严格执行现金收入手续。收入现金时必须坚持先收款,当面清点现金无误后,再开给交款人“收款收据”,不能先开收据后收款。一切现金收入都应开具收款收据,即使有些现金收入已有对方付款凭证,也应开出收据给交款人,以明确经济责任。收入现金时,签发收据和经手收款,按要求也应当分开,以防作弊。

③现金收入要坚持一笔一清。收入现金时要清点完一笔,再清点另一笔,几笔收款不能一起办理,以免互相混淆或调换;一笔款项未办理妥当,出纳不得离开座位;收款过程应在同一时间内完成,不准收款后,过一段时间再来开收据;对已完成收款的收据应加盖“现金收讫”戳记。

④现金收入要及时送存银行。《现金管理暂行条例》规定，开户单位现金收入应当于当日送存开户银行，当日送存确有困难的，由开户银行确定送存时间。

8. 现金收入的处理程序是什么？如何审核现金收入？

(1)现金收入的处理程序。

①从银行提取现金。各单位应在银行规定的现金使用范围办理提取现金业务。

②出纳向外单位或顾客直接收款。

③收款员、营业员收款后交出纳人员。在零售商店、门市部和旅游饮食服务业单位，由于收款业务比较频繁，一般都采取由营业员分散收款或由收款员集中收款后，每日再定时向出纳缴款。

(2)现金收入的审核。

为确保收款凭证的合法、真实和准确，出纳人员在办理每笔现金收入前，都必须首先复核现金收款凭证，要求认真复核以下内容：

①现金收款凭证的填写日期是否正确，现金收款凭证的填写日期应为编制收款凭证的当天，不得提前或推后。

②现金收款凭证的编号是否正确，有无重号、漏号或不按日期顺序编号等情况。

③现金收款凭证记录的内容是否真实、合法、准确，其摘要栏的内容与原始凭证反映的经济业务内容是否相符。

④使用的会计科目是否正确。

⑤复核收款凭证的金额与原始凭证的金额是否一致。原始凭证大小写金额是否相同，有无印章。

⑥复核收款凭证"附单据"栏的张数与所附原始凭证张数是否相符。

⑦收款凭证的出纳、制单、复核、财务主管栏目是否签名或盖章。

9. 如何进行现金库存的管理？

现金库存的管理，主要是对库存现金及其限额的管理。包括保证库存现金的安全性、不得突破库存现金限额等内容。

(1)单位收入的现金不准以个人储蓄存款方式存储。

单位收入的所有现金应由财会部门统一管理,存储在财会部门或开户银行,无论是收入的利息归单位所有还是归个人所有,都不能以个人储蓄方式存入银行。

(2)不能以“白条”抵库。

所谓“白条”,是指没有审批手续的凭据,因此“白条”不能作为记账的依据。

(3)不准设“账外账”和“小金库”。

“账外账”是指有的单位将一部分收入没有纳入财务统一管理,而是在单位核算账簿之外另设一套账来记录财务统管之外的收入。“小金库”又称“小钱柜”,是单位账外保存的现金和银行存款,一般情况下与单位设置的“账外账”相联系。设置“账外账”和“小金库”是侵占、截留、隐瞒收入的违法行为,为各种违法违纪提供了条件,危害性极大,必须坚决予以取缔。

10. 如何清查库存现金?

库存现金的清查包括出纳每日的清点核对和清查小组定期或不定期的清查。现金清查的基本方法是实地盘点库存现金的实存数,再与现金日记账的余额进行核对,看是否相符。清查现金时,应注意以下几个方面:

(1)以个人或单位名义借款或取款而没有按手续编制凭证的字条(即白条),不得充抵现金。

(2)代私人存放的现金等,如事先未作声明又无充分证明的,应暂时封存。

(3)如发现私设的“小金库”,应视作溢余,另行登记,等候处理。

(4)清查小组对现金进行清点,一般都采用突击盘点,不预先通知出纳;盘点时间最好在一天业务没有开始之时或一天业务结束后,由出纳将截至清查时现金收付款项全部登记入账,并结出账面余额,这样可以避免干扰正常的业务。

(5)清查时,出纳应在场提供情况,积极配合,清查后,应由清查人员填制“现金盘点报告表”,列明现金账存、实存和差异的金额及原因,并及时上报有关负责人。

(6)现金清查中,如果发现账实不符,应立即查找原因并更正,不得以今日长款弥补他日短款。

11.现金核算的管理包括哪些?

现金核算的管理,主要是指在现金的收、付、存业务活动中,要严格按照会计准则和会计制度的要求进行核算,全面、系统、连续地计量、记录,反映现金的收、付、存业务活动。

12.如何完善现金管理的内部控制?

一套完善的现金内部控制制度,应当包括授权审批制度、职务分离制度、文件记录制度、内部审计制度等内容,以保证企业现金的安全完整,防止不法分子贪污、挪用、偷盗。

(1)授权审批制度。

企业必须依照国家的有关方针、政策和规章制度,加强对现金开支审批的管理。一般包括以下内容:

①明确现金开支界限。企业明确现金开支界限有以下两个方面:一是应当在现金管理规定的范围内支付现金,办理现金结算;二是应当保证现金支出的安全性,如职工个人借款的金额不得超过其工资的金额,个人医药费用的报销不得超过规定的标准,个人差旅期间的出差补助不得超过规定的标准等。

②明确现金报销手续。企业应当按其经济业务的内容和管理要求设计各种报销凭证,如工资表、差旅费报销单、购料凭证、借款单等,并应告知有关人员相应的填制方法,避免出现误填误报。同时,企业还应规定各种报销的程序和传递手续,确定各种现金支出业务的报销要求,超出现金开支界限或未按规定填制单据的各种支出不予报销。

③现金支出的审批权限。企业应根据其经营规模和内部职责分工情况,确定不同额度和不同的现金支出审批权限。对于没有经过审核批准或有关人员超越规定审批权限的,出纳人员不予受理。

(2)职务分离制度。

企业应对现金内部控制系统中不相容的职务实行分工负责,主要是建立钱账分管制度,具体包括以下内容:

①企业应配备专职或兼职的出纳人员办理现金收付和保管工作,非出纳人员不得经管。

②现金收支的授权审批和执行现金收支的职务应当分离。

③执行现金业务和记录现金业务的职务要分离。

④现金保管与稽核职务要分离。

⑤登记现金日记账和登记现金总账的职务要分离。

⑥出纳人员不得兼管收入、费用、债权、债务等账目的登记工作。

⑦出纳人员不得兼管会计档案的保管工作。

(3)文件记录控制。

财务文件记录是记录经济业务内容、明确有关人员责任的书面证明。为了保证文件记录的完整和真实性,加强对现金管理的监督,必须加强文件记录控制。

①出纳人员办理现金收付的原始单据必须真实、完整、合法。

②出纳人员登记日记账的记账凭证必须审核无误。

③文件记录的保管应当有专人负责。

④任何人不得擅自更改、涂抹、销毁有效的文件记录。

(4)内部稽核制度。

企业内部稽核的主要目的是确保业务记录能够真实、准确,加强对岗位责任的监督管理,防范内部不利因素的影响。内部稽核制度具体包括以下内容:

①出纳人员办理现金出纳业务时,必须做到按日清理,按月结账,保证账实相符。

②会计人员应当定期进行账证、账账核对,保证现金总账与现金日记账

一致。

③稽核人员应当定期或不定期地进行现金清查,及时发现可能发生的现金差错或丢失情况,防止贪污、盗窃、挪用等不法行为的发生,确保企业资金安全完整。

13. 库存现金限额的管理包括哪些内容?

(1)库存现金限额。

为了加强对现金的管理,既保证各单位现金的安全,又促使货币回笼、及时开支,国家规定由开户银行给各单位核定一个保留现金的最高额度,即库存现金限额。核定单位库存限额的原则是:既要保证单位日常零星现金支付的合理需要,又要尽量减少现金的使用。

(2)库存现金限额的核定管理。

为了严格现金管理,保证各单位及时支付日常零星开支,《现金管理暂行条例》及其实施细则规定,库存现金限额由开户银行和开户单位根据具体情况商定,凡在银行开户的单位,银行根据实际需要核定3~5天的日常零星开支数额作为该单位的库存现金限额。边远地区和交通不便地区的开户单位,其库存现金限额的核定天数可适当放宽在5天以上,但最多不得超过15天的日常零星开支的需要量。

库存现金限额每年核定一次,经核定的库存现金限额,开户单位必须严格遵守。其核定具体程序为:

①开户单位与开户银行协商核定库存现金限额。公式为:

库存现金限额=每日零星支出额×核定天数

每日零星支出额=月(季)平均现金支出总额÷月(季)平均天数

②由开户单位填写"库存现金限额申请批准书"。开户单位将申请批准书报送单位主管部门,经主管部门签署意见,再报开户银行审查批准,开户单位凭开户银行批准的限额数作为库存现金限额。

③各单位实行收支两条线,不准坐支现金。所谓坐支现金是指企业事业单位和机关、团体、部队以本单位的现金收入直接用于现金支出。

④如何用现金在外地采购。各单位的外地采购业务，如因采购地点不固定、交通不便、生产或市场急需、抢险救灾以及其他特殊原因必须使用现金的，应由本单位财会部门负责人签字盖章，向开户银行申请审批，开户银行审查同意并开具有关证明后便可携带现金到外地采购。

⑤企业送存现金和提取现金，必须注明送存现金的来源和支取的用途。

⑥现金管理“八不准”。按照《现金管理暂行条例》及其实施细则规定，企事业单位和机关团体、部队现金管理应遵循以下“八不准”：

◇不准用不符合财务制度的凭证顶替库存现金。

◇不准单位之间互相借用现金。

◇不准谎报用途套取现金。

◇不准利用银行账户代其他单位和个人存入或支取现金。

◇不准将单位收入的现金以个人名义存入储蓄。

◇不准保留账外公款。

◇不准发行变相货币。

◇不准以任何票券代替人民币在市场上流通。

(3)现金库存限额核定表。

企事业单位的现金库存限额核定表的格式如表5-5所示。

表5-5　　现金库存限额表

单位名称：　　　　员工人数：

开户行：　　　　账号：　　　　单位：元

<table>
<tr><td rowspan="2"></td><td colspan="2">库存限额</td><td colspan="2">找零备用金额</td><td rowspan="2">简要说明</td></tr>
<tr><td>申请数</td><td>核定数</td><td>申请数</td><td>核定数</td></tr>
<tr><td>财务部门</td><td></td><td></td><td></td><td></td><td rowspan="5">财务出纳部门每天平均零星开支的现金______元</td></tr>
<tr><td>各附属部门</td><td></td><td></td><td></td><td></td></tr>
<tr><td></td><td></td><td></td><td></td><td></td></tr>
<tr><td></td><td></td><td></td><td></td><td></td></tr>
<tr><td></td><td></td><td></td><td></td><td></td></tr>
<tr><td colspan="2">核准单位盖章
年　月　日</td><td colspan="3">开户行意见
年　月　日</td><td>申请单位盖章
年　月　日</td></tr>
</table>

第六章　银行账户管理

第一节　银 行 存 款

1. 什么是银行存款？

银行存款，是指企事业单位存放在银行或其他金融机构中的货币资金。它是现代社会经济交往中的一种主要资金结算工具。根据国家有关规定，凡是独立核算的企业，都必须在当地银行开设账户。企业在银行开设账户后，除按银行规定的企业库存现金限额保留一定的库存现金外，超过限额的现金都必须存入银行。企事业经济活动所发生的一切货币收支业务，除按国家《现金管理暂行条例》中规定可以使用现金直接支付的款项外，其他都必须按银行支付结算办法的规定，通过银行账户进行转账结算。

2. 银行存款管理包含哪些内容？

银行存款管理，就是指国家、银行、企业、事业、机关团体等有关各方对银行存款及相关内容进行的监督和管理。根据其管理对象不同，银行存款管理可分为银行存款账户的管理、银行存款结算的管理、银行存款核算的管理。

(1)银行存款账户的管理。

银行存款账户的管理，主要是指对有关银行存款账户的开立、变更、合并、迁移、撤销和使用等内容的管理。

(2)银行存款结算的管理。

银行存款结算的管理是银行存款管理的核心内容,主要是对经济活动引起的银行存款收付业务的管理。银行存款结算的管理主要包括四方面的内容:

①银行存款结算的原则性管理。

②银行存款结算的业务性管理。

③银行存款结算的纪律及责任规定。

④银行存款结算票据和凭证的管理。

(3)银行存款核算的管理。

银行存款核算的管理,是指根据《会计法》及企业会计准则的规定,对银行存款业务进行确认、计量、核算和报告的管理。

第二节　内部控制制度

1. 什么是银行存款的内部控制制度?

银行存款的内部控制制度,是指企事业单位为维护银行存款的完整性,确保银行存款会计记录正确、可靠而对银行存款进行的审批、结算、稽核的内部调节和监督。

2. 建立内部控制制度遵循的原则有哪些?

建立内部控制制度应遵循的基本原则是指企业建立和设计内部控制制度时所必须遵循的客观规律和基本法则。主要包括以下四个基本原则:

(1)内部牵制原则。

是指分离不相容职务,对每项经济业务的授权、主办、核对、执行和记录等几个步骤,不能同时交由一个人办理。如分离经济业务执行和审查,分离经济业务记录和执行，分离财产保管和记录，分离财产保管和财产核对，分离总账和明细账登记，从而达到自动纠错，防止舞弊的目的。

(2)管辖范围原则。

指根据各部门、各岗位的职能和性质，划分其工作范围，赋予其相应的权力和责任，规定其相应的操作程序和处理办法，确定其检查标准和纪律规范，以保证事事有人管，人人有专责。

(3)系统网络原则。

是指将各部门和各岗位形成互相依存、互相制约的统一体，促进各岗位、部门的协调，发挥内部控制制度的总体功效，实现内部控制制度的总体目标。

(4)成本效益原则。

是指实行内部控制制度与实行它而产生的经济效益，合理确定成本与效益的比例关系，既保证银行存款安全完整，同时也要达到对其控制管理的目的。

3. 银行存款内部控制的内容有哪些？

单位内部完善的银行存款控制制度，应当包括以下八个控制点，并围绕它们展开行之有效的银行存款内部控制。

(1)审批。单位主管或银行存款业务发生部门的主管人员，对将要发生的银行存款收付业务进行审查批准，或授权银行存款收支业务经办人，并规定其经办权限。审批一般以签字盖章方式表示。

(2)结算。出纳人员复核银行存款收付业务的原始凭证后，应及时填制或取得结算凭证，办理银行存款的结算业务，并对结算凭证和原始凭证加盖“收讫”或“付讫”戳记，表示该凭证的款项已实际收入或付出，避免重复支出。

(3)分管。银行存款管理中不相容职务的分离，每项经济业务所分成的授权、主办、核对、执行和记录等几个步骤，不能同时交由一个人办理，以保障银行存款的安全。

（4）审核。在编制银行收款凭证和付款凭证前，要审核原始凭证和结算凭证，银行存款业务主管会计应审核银行存款收付原始凭证基本内容的完整性，处理手续的完备性以及经济业务内容的合规、合法性，目的是保证银行存款收支业务记录的真实性、核算的准确性和银行存款账务处理的正确性。

（5）稽核。记账前稽核人员、审核人员审核银行存款收付原始凭证和收付款记账凭证内容的完整性，手续的完备性和所反映经济内容的合法、合规性；同时对这些凭证的一致性进行审核，并签字盖章以示稽核。该环节的目的是保证证证相符，以及银行存款记录和核算的正确性。

（6）记账。出纳人员根据审核、稽核无误的银行存款收、付款凭证登记银行存款日记账，登记完毕，核对其发生额与收款凭证、付款凭证的合计金额，并签字盖章表示已经登记。银行存款总账会计根据审核、稽核无误的收款凭证、付款凭证或汇总的银行存款收付款凭证，登记银行存款总账，登记完毕，核对其发生额与银行收款凭证和付款凭证或银行存款汇总记账凭证的合计金额，并签字盖章表示已经登记。该环节用以保证账证相符以及银行存款账务处理的正确性。

（7）对账。在稽核人员监督下，出纳人员与银行存款总账会计对银行存款日记账和银行存款总账的发生额和余额相核对，并互相取得对方签证以对账。该环节的目的是保证账账相符，保证会计资料的正确性、可靠性以及银行账务处理的正确性。

（8）调账。银行存款主管会计定期根据银行对账单对银行存款日记账进行核对，编制银行存款余额调节表，并在规定的天数内对各未达账项进行检查。该环节的目的是保证企业的银行存款账与银行账相符，保证会计信息的准确性和及时性。

4. 如何实施银行存款内部控制？

在实施银行存款内部控制时，各单位应根据自身特点，设定合理的控制点，制定符合自身情况的、健全的银行存款内部控制制度。

(1)授权与批准。建立银行存款的内部控制制度,首先就要确立授权与批准的制度,即银行存款收付业务的发生,需要经单位主管人员或财务主管人员审批,并授权具体的人员经办,审批一般以签字盖章方式进行。该过程保证了银行存款的收支业务在授权下进行。

(2)职责区分,内部牵制。有关不相容职务由不同的人承担,体现钱账分管、内部牵制等原则。其具体内容包括:

①银行存款收付业务授权与经办、审查、记账相分离。

②银行存款票据保管与银行存款记账职务相分离。

③银行存款收付凭证填制与银行存款日记账的登记职务相分离。

④银行存款日记账和总账的登记职务相分离。

⑤银行存款各种票据的保管与签发职务相分离,其中包括银行单据保管与印章保管职务相分离。

⑥银行存款日记账的登记和审核职务相分离。

(3)记录与审核。各单位对其银行存款收付业务通过编制记账凭证、登记账簿进行反映和记录之前,都必须经过审核,只有审核无误的凭证单据才可作为会计记录的依据。其具体程序包括:

①出纳人员要根据审核无误的银行存款收付原始凭证办理结算。办理银行结算后的原始凭证和结算凭证,要加盖"收讫"或"付讫"戳记。

②会计人员要根据财务主管审核无误的原始凭证或原始凭证汇总表填制记账凭证。

③原始凭证、收付款凭证须经过财会部门主管或其授权人审签、稽核人稽核签字盖章才能据以登账。

④文件管理。为了保证已发生经济业务安全完整,对收、付款凭证可以采取混合连续编号,也可以采取分类连续编号;同时票据由专人负责保管;票据和结算业务发生时,须经财会部门主管人员或企业主管人员和经办人签字。

⑤核对。出纳人员定期编制银行存款余额调节表,交由会计主管人员检查,同时定期进行账账核对,以保证银行存款安全。

第三节　未达账项

未达账项包含哪些情况?

企业与银行对账单余额存在误差的原因是因为存在未达账项。它包括:

(1)企业已经入账,银行尚未入账的款项。

企业存入银行的款项,企业已记作银行存款增加,而银行尚未办理入账手续。

企业开出转账支票或其他付款凭证,企业已记银行存款减少,而银行尚未支付入账的款项。

(2)银行已经入账,企业尚未入账的款项。

银行代企业划收的款项已经收妥入账,银行已记作企业存款增加,而企业尚未接到收款通知,尚未记账的款项。

银行代企业划付的款项已经划出并记账,银行已记作企业存款减少,而企业尚未接到付款通知,尚未记账的款项。

第四节　余额调节表

银行存款余额调节表是什么?如何编制?

银行存款余额调节表,是企业为了核对本企业与银行双方的存款账面余额而编制的列有双方未达账项的一种报表。具体编制方法是:在银行与开户单位账面余额的基础上,加上各自的未收款减去各自的未付款,然后再计算出双方余额。通过调节后的余额才是企业银行存款实存数。

编制银行存款余额调节表应注意以下几点：

(1)调整的未达账项并不入账。

编制银行存款余额调节表只是为了核对账目，检查账簿记录是否正确，所以调整的未达账项并不马上要入账。

(2)调节表中双方余额一定要相等。

调节后如果双方余额相等，一般可以认为双方记账没有差错；调节后如果双方余额仍不相等，原因有两个，一是未全部查出，二是一方或双方账簿记录还有差错。无论何种原因，都要进一步查清楚，并加以更正，一定要到调节表中双方余额相等为止。

(3)调整后的余额是企业存款的真实数字，也是企业当日可以动用的银行存款的最大值。

(4)一个银行账户需要编制一份银行存款余额调节表，有两个以上账户的企业，要防止串户。

案例 6-1

甲公司2011年5月31日银行存款日记账的账面余额为520 000元，银行转来的对账单上截至5月31日的余额为510 400元，经逐笔核对，发现有以下未达账项：

(1)5月28日，公司委托银行代收款项5 000元，银行已经收妥入账，公司尚未接到银行的收款通知，尚未记账；

(2)5月29日，公司送存支票15 200元，银行尚未记入公司存款账户；

(3)5月30日，银行代公司支付水费1 000元，公司尚未接到银行的付款通知，尚未记账；

(4)5月31日，公司开出支票1 600元，持票人尚未到银行办理转账，银行尚未登记入账。

要求：根据上述资料编制该公司银行存款余额调节表。

根据所提供资料编制该公司的银行存款余额调节表如下：

项　目	金额	项　目	金额
企业存款日记账余额	520 000.00	银行对账单余额	510 400.00
加:银行已收,企业未收	5 000.00	加:企业已收,银行未收	15 200.00
减:银行已付,企业未付	1 000.00	减:企业已付,银行未付	1 600.00
经调整后的余额	524 000.00	经调整后的余额	524 000.00

第五节　银行结算账户

1.什么是银行结算账户?

银行结算账户,是指银行为存款人开立的办理资金收付结算的人民币活期存款账户。其中,存款人主要包括中国境内开立银行结算账户的机关、团体、部队、企业、事业单位、其他组织(以下统称单位)、个体工商户和自然人。

银行存款结算账户是各单位通过银行办理转账结算、信贷以及现金收付业务的工具,凡新办的企业或公司在取得工商行政管理部门颁发的法人营业执照后,可选择离办公场地近的银行申请开设自己的结算账户。对于非现金使用范围的开支,都要通过银行存款结算账户办理。

2.银行存款结算账户有哪些种类?

银行结算账户按存款人分为单位银行结算账户和个人银行结算账户。

存款人以单位名称开立的银行结算账户为单位银行结算账户。单位银行结算账户按用途分为基本存款账户、一般存款账户、临时存款账户和专用存款账户。

个体工商户凭营业执照以字号或经营者姓名开立的银行结算账户纳入

单位银行结算账户管理。存款人凭个人身份证件以自然人名称开立的银行结算账户为个人银行结算账户。邮政储蓄机构办理银行卡业务开立的账户纳入个人银行结算账户管理。

(1)基本存款账户是存款人因办理日常转账结算和现金收付需要开立的银行结算账户。下列存款人可以申请开立基本存款账户：

①企业法人。

②非法人企业。

③机关、事业单位。

④团级(含)以上军队、武警部队及分散执勤的支(分)队。

⑤社会团体。

⑥民办非企业组织。

⑦异地常设机构。

⑧外国驻华机构。

⑨个体工商户。

⑩居民委员会、村民委员会、社区委员会。

⑪单位设立的独立核算的附属机构。

⑫其他组织。

(2)一般存款账户是存款人因借款或其他结算需要,在基本存款账户开户银行以外的银行营业机构开立的银行结算账户。它是指存款人在基本账户以外的银行借款、转存、与基本存款账户的存款人不在同一地点的附属非独立核算单位开立的账户。存款人可以通过账户办理借款转存、借款归还和其他结算的资金收付。该账户可以办理现金缴存,但不得办理现金支取业务。

(3)临时存款账户是存款人因临时需要并在规定期限内使用而开立的银行结算账户。有下列情况的,存款人可以申请开立临时存款账户：

①设立临时机构。

②异地临时经营活动。

③注册验资。

(4)专用存款账户是存款人按照法律、行政法规和规章,对其特定用途资金进行专项管理和使用而开立的银行结算账户。对下列资金的管理与使用,存款人可以申请开立专用存款账户:

①基本建设资金。

②更新改造资金。

③财政预算外资金。

④粮、棉、油收购资金。

⑤证券交易结算资金。

⑥期货交易保证金。

⑦信托基金。

⑧金融机构存放同业资金。

⑨政策性房地产开发资金。

⑩单位银行卡备用金。

⑪住房基金。

⑫社会保障基金。

⑬收入汇缴资金和业务支出资金。

⑭党、团、工会设在单位的组织机构经费。

⑮其他需要专项管理和使用的资金。

(5)个人银行结算账户是自然人因投资、消费、结算等而开立的可办理支付结算业务的存款账户。有下列情况的,可以申请开立个人银行结算账户:

①使用支票、信用卡等信用支付工具的。

②办理汇兑、定期借记、定期贷记、借记卡等结算业务的。

自然人可根据需要申请开立个人银行结算账户,也可以在已开立的储蓄账户中选择并向开户银行申请确认为个人银行结算账户。

(6)存款人有下列情形之一的,可以在异地开立有关银行结算账户:

①营业执照注册地与经营地不在同一行政区域(跨省、市、县)需要开立基本存款账户的。

②办理异地借款和其他结算需要开立一般存款账户的。

③存款人因附属的非独立核算单位或派出机构发生的收入汇缴或业务支出需要开立专用存款账户的。

④异地临时经营活动需要开立临时存款账户的。

⑤自然人根据需要在异地开立个人银行结算账户的。

3. 国家如何对银行存款结算账户进行管理?

按照《银行存款结算账户管理办法》的规定,银行存款结算账户的管理包括两个方面:中国人民银行对账户的管理以及开户银行对账户的管理。

(1)中国人民银行对银行存款结算账户的管理。

①中国人民银行负责监督、检查银行结算账户的开立和使用,对存款人、银行违反银行结算账户管理规定的行为予以处罚。

②中国人民银行对银行结算账户的开立和使用实施监控和管理。

③中国人民银行负责基本存款账户、临时存款账户和预算单位专用存款账户开户登记证的管理。任何单位及个人不得伪造、变造及私自印制开户登记证。

(2)开户银行对银行存款结算账户的管理。

①银行应明确专人负责银行结算账户的开立、使用和撤销的审查和管理,负责对存款人开户申请资料的审查,并按照《银行存款结算账户管理办法》的规定及时报送存款人开销户信息资料,建立健全开销户登记制度,建立银行结算账户管理档案,按会计档案进行管理。银行结算账户管理档案的保管期限为银行结算账户撤销后10年。

②银行负责所属营业机构银行结算账户开立和使用的管理,监督和检查其执行《银行存款结算账户管理办法》的情况,纠正违规开立和使用银行结算账户的行为。

③银行应对已开立的单位银行结算账户实行年检制度,检查开立的银行结算账户的合规性,核实开户资料的真实性;对不符合《银行存款结算账户管理办法》规定开立的单位银行结算账户,应予以撤销。对经核实的各类

银行结算账户的资料变动情况，应及时报告中国人民银行当地分支行。银行应对存款人使用银行结算账户的情况进行监督，对存款人的可疑支付应按照中国人民银行规定的程序及时报告。

④银行应按规定与存款人核对账务。

4.银行存款结算账户管理有哪些基本原则？

根据《银行存款结算账户管理办法》的规定，银行存款结算账户管理遵守以下基本原则：

(1)一个基本账户原则。即存款人只能在银行开立一个基本存款账户，不能多头开立基本存款账户。存款人开立基本存款账户、临时存款账户和预算单位开立专用存款账户实行核准制度，经中国人民银行核准后由开户银行核发开户登记证。但存款人因注册验资需要开立的临时存款账户除外。

(2)自愿选择原则。存款人可以自主选择银行开立银行结算账户。除国家法律、行政法规和国务院规定外，任何单位和个人不得强令存款人到指定银行开立银行结算账户。

(3)存款保密原则。银行应依法为存款人的银行结算账户信息保密。对单位银行结算账户的存款和有关资料，除国家法律、行政法规另有规定外，银行有权拒绝任何单位或个人查询。对个人银行结算账户的存款和有关资料，除国家法律另有规定外，银行有权拒绝任何单位或个人查询。

(4)依法办理原则。银行结算账户的开立和使用应当遵守法律、行政法规，不得利用银行结算账户进行偷逃税款、逃废债务、套取现金及其他违法犯罪活动。存款人不得出租、出借银行结算账户，不得利用银行结算账户套取银行信用。

5.违反账户使用规定应如何处罚？

(1)存款人开立、撤销银行结算账户，不得有下列行为：

①违反《银行存款结算账户管理办法》规定开立银行结算账户。

②伪造、变造证明文件欺骗银行开立银行结算账户。

③违反本办法规定不及时撤销银行结算账户。

非经营性的存款人,有上述所列行为之一的,给予警告并处以 1 000 元的罚款;经营性的存款人有上述所列行为之一的,给予警告并处以 1 万元以上 3 万元以下的罚款;构成犯罪的,移交司法机关依法追究刑事责任。

(2)存款人使用银行结算账户,不得有下列行为:

①违反《银行存款结算账户管理办法》规定将单位款项转入个人银行结算账户。

②违反《银行存款结算账户管理办法》规定支取现金。

③利用开立银行结算账户逃废银行债务。

④出租、出借银行结算账户。

⑤从基本存款账户之外的银行结算账户转账存入、将销货收入存入或现金存入单位信用卡账户。

⑥法定代表人或主要负责人、存款人地址以及其他开户资料的变更事项未在规定期限内通知银行。

非经营性的存款人有上述所列第一至五项行为的,给予警告并处以 1 000元罚款;经营性的存款人有上述所列第一至五项行为的,给予警告并处以5 000元以上 3 万元以下的罚款;存款人有上述所列第六项行为的,给予警告并处以 1 000 元的罚款。

(3)银行在银行结算账户的开立中,不得有下列行为:

①违反《银行存款结算账户管理办法》规定为存款人多头开立银行结算账户。

②明知或应知是单位资金,而允许以自然人名称开立账户存储。

银行有上述所列行为之一的,给予警告,并处以 5 万元以上 30 万元以下的罚款;对该银行直接负责的高级管理人员、其他直接负责的主管人员、直接责任人员按规定给予纪律处分;情节严重的,中国人民银行有权停止对其开立基本存款账户的核准,责令该银行停业整顿或者吊销经营金融业务许可证;构成犯罪的,移交司法机关依法追究刑事责任。

(4)银行在银行结算账户的使用中,不得有下列行为:

①提供虚假开户申请资料欺骗中国人民银行许可开立基本存款账户、临时存款账户、预算单位专用存款账户。

②开立或撤销单位银行结算账户,未按《银行存款结算账户管理办法》规定在其基本存款账户开户登记证上予以登记、签章或通知相关开户银行。

③违反本办法第四十二条规定办理个人银行结算账户转账结算。

④为储蓄账户办理转账结算。

⑤违反规定为存款人支付现金或办理现金存入。

⑥超过期限或未向中国人民银行报送账户开立、变更、撤销等资料。

银行有上述所列行为之一的,给予警告,并处以5 000元以上3万元以下的罚款;对该银行直接负责的高级管理人员、其他直接负责的主管人员、直接责任人员按规定给予纪律处分;情节严重的,中国人民银行有权停止对其开立基本存款账户的核准,构成犯罪的,移交司法机关依法追究刑事责任。

第六节　基本存款账户

1. 什么是基本存款账户?

基本存款账户是存款人因办理日常转账结算和现金收付需要开立的银行结算账户。符合《银行存款结算账户管理办法》规定的存款人,可以申请开立基本存款账户。存款人的工资、奖金等现金的支出,只能通过基本存款账户办理。按照规定,每个存款人只能在银行开立一个基本存款账户。

2. 哪些存款人可以开立基本存款账户?

根据《银行存款结算账户管理办法》的规定,下列存款人可以申请开立基本存款账户:①企业法人;②非法人企业;③机关、事业单位;④团级(含)

以上军队、武警部队及分散执勤的支(分)队;⑤社会团体;⑥民办非企业组织;⑦异地常设机构;⑧外国驻华机构;⑨个体工商户;⑩居民委员会、村民委员会、社区委员会;⑪单位设立的独立核算的附属机构;⑫其他组织。

3. 申请基本存款账户需提供哪些文件?

存款人申请开立基本存款账户,应向开户银行出具下列证明文件之一:

(1)企业法人,应出具企业法人营业执照正本。

(2)非法人企业,应出具企业营业执照正本。

(3)机关和实行预算管理的事业单位,应出具政府人事部门或编制委员会的批文或登记证书和财政部门同意其开户的证明;非预算管理的事业单位,应出具政府人事部门或编制委员会的批文或登记证书。

(4)军队、武警团级(含)以上单位以及分散执勤的支(分)队,应出具军队军级以上单位财务部门、武警总队财务部门的开户证明。

(5)社会团体,应出具社会团体登记证书,宗教组织还应出具宗教事务管理部门的批文或证明。

(6)民办非企业组织,应出具民办非企业登记证书。

(7)外地常设机构,应出具其驻在地政府主管部门的批文。

(8)外国驻华机构,应出具国家有关主管部门的批文或证明;外资企业驻华代表处、办事处应出具国家登记机关颁发的登记证。

(9)个体工商户,应出具个体工商户营业执照正本。

(10)居民委员会、村民委员会、社区委员会,应出具其主管部门的批文或证明。

(11)独立核算的附属机构,应出具其主管部门的基本存款账户开户登记证和批文。

(12)其他组织,应出具政府主管部门的批文或证明。

此外,存款人为从事生产、经营活动纳税人的,还应出具税务部门颁发的税务登记证。

4. 如何开立基本存款账户？

开立基本存款账户的程序一般是：

(1)填制开户申请表。

(2)提供开户证明，并送交盖有存款人印章的“印鉴卡片”。

(3)开户银行审核。

(4)开户银行同意后，将申请材料送交中国人民银行当地分支机构审核。

(5)审核无误后，填制开户许可证。

第七节　一般存款账户

1. 什么是一般存款账户？

一般存款账户是存款人因借款或其他结算需要，在基本存款账户开户银行以外的银行营业机构开立的银行结算账户。存款人可以通过账户办理转账、结算和存入现金，但不能支取现金。

2. 哪些存款人可以开立一般存款账户？

根据《银行存款结算账户管理办法》的规定，存款人申请开立一般存款账户，应向银行出具其开立基本存款账户规定的证明文件、基本存款账户开户登记证和下列证明文件：

(1)存款人因向银行借款需要，应出具借款合同。

(2)存款人因其他结算需要，应出具有关证明。

3. 如何开立一般存款账户？

存款人在申请开立一般存款账户时，应该按照以下程序进行：

（1）填制开户申请书。

（2）提供基本存款账户开户许可证，并送交盖有存款人印章的“印鉴卡片”。

（3）经开户银行审核同意后开立账户。

第八节 临时存款账户

1. 什么是临时存款账户？

临时存款账户，是存款人因临时经营活动需要开立的账户，存款人可以通过临时存款账户办理转账结算和根据国家现金管理的规定办理现金收付。

临时存款账户应根据有关开户证明文件确定的期限或存款人的需要确定其有效期限。存款人在账户的使用中需要延长期限的，应在有效期限内向开户银行提出申请，并由开户银行报中国人民银行当地分支行核准后办理展期。临时存款账户的有效期最长不得超过2年。

2. 哪些存款人可以开立临时存款账户？

根据《银行存款结算账户管理办法》的规定，下列存款人可以申请开立临时存款账户，并须提供相应的证明文件：

（1）临时机构，应出具其驻在地主管部门同意设立临时机构的批文。

（2）异地建筑施工及安装单位，应出具其营业执照正本或其隶属单位的营业执照正本，以及施工及安装地建设主管部门核发的许可证或建筑施工及安装合同。

（3）异地从事临时经营活动的单位，应出具其营业执照正本以及临时经营地工商行政管理部门的批文。

（4）注册验资资金，应出具工商行政管理部门核发的企业名称预先核准通知书或有关部门的批文。

第二、第三项还应出具其基本存款账户开户登记证。

3. 如何开立临时存款账户?

存款人在申请开立临时存款账户时,应该按照以下程序进行:

(1)填制开户申请书。

(2)提供相应的证明文件,并送交盖有存款人印章的“印鉴卡片”。

(3)经银行审核同意后,即可开设此账户。

第九节　专用存款账户

1. 开立专用存款账户的条件是什么?

专用存款账户,就是指存款人因特定用途需要而开立的账户。

根据《银行存款结算账户管理办法》的规定,存款人对特定用途的资金,由存款人向开户银行出具相应证明即可开立该账户。特定用途的资金范围包括:基本建设的资金;更新改造的资金;其他特定用途,需要专户管理的资金。单位银行卡账户的资金必须由其基本存款账户转账存入。该账户不得办理现金收付业务。

2. 如何开立专用存款账户?

(1)开立专用存款账户需要提供的文件。

根据《银行存款结算账户管理办法》的规定,存款人申请开立专用存款账户,应向银行出具其开立基本存款账户规定的证明文件、基本存款账户开户登记证和下列证明文件:

①基本建设资金、更新改造资金、政策性房地产开发资金、住房基金、社

会保障基金,应出具主管部门批文。

②财政预算外资金,应出具财政部门的证明。

③粮、棉、油收购资金,应出具主管部门批文。

④单位银行卡备用金,应按照中国人民银行批准的银行卡章程的规定出具有关证明和资料。

⑤证券交易结算资金,应出具证券公司或证券管理部门的证明。

⑥期货交易保证金,应出具期货公司或期货管理部门的证明。

⑦金融机构存放同业资金,应出具其证明。

⑧收入汇缴资金和业务支出资金,应出具基本存款账户存款人有关的证明。

⑨党、团、工会设在单位的组织机构经费,应出具该单位或有关部门的批文或证明。

⑩其他按规定需要专项管理和使用的资金,应出具有关法规、规章或政府部门的有关文件。

合格境外机构投资者在境内从事证券投资开立的人民币特殊账户和人民币结算资金账户纳入专用存款账户管理。其开立人民币特殊账户时应出具国家外汇管理部门的批复文件,开立人民币结算资金账户时应出具证券管理部门的证券投资业务许可证。

(2)专用存款账户开立的程序。

存款人申请开立专用存款账户,应填制开户申请书,提供相应的证明文件,送交盖有存款人印章的印鉴卡片,经银行审核同意后开立账户。

第十节 账户具体业务

1. 如何变更账户?

(1)存款人更改名称,但不改变开户银行及账号的,应于5个工作日内向开户银行提出银行结算账户的变更申请,并出具有关部门的证明文件。

(2)单位的法定代表人或主要负责人、住址以及其他开户资料发生变更时,应于5个工作日内书面通知开户银行并提供有关证明。

(3)银行接到存款人的变更通知后,应及时办理变更手续,并于2个工作日内向中国人民银行报告。

2. 如何办理账户的合并与撤销?

(1)单位申请销户。

有下列情形之一的,存款人应向开户银行提出撤销银行结算账户的申请:①被撤并、解散、宣告破产或关闭的。②注销、被吊销营业执照的。③因迁址需要变更开户银行的。④其他原因需要撤销银行结算账户的。存款人有本条第一、二项情形的,应于5个工作日内向开户银行提出撤销银行结算账户的申请。

①存款人因本办法第四十九条第一、二项原因撤销基本存款账户的,存款人基本存款账户的开户银行应自撤销银行结算账户之日起2个工作日内将撤销该基本存款账户的情况书面通知该存款人其他银行结算账户的开户银行;存款人其他银行结算账户的开户银行,应自收到通知之日起2个工作日内通知存款人撤销有关银行结算账户;存款人应自收到通知之日起3个工作日内办理其他银行结算账户的撤销。

②未获得工商行政管理部门核准登记的单位,在验资期满后,应向银行申请撤销注册验资临时存款账户,其账户资金应退还给原汇款人账户。注册验资资金以现金方式存入,出资人需提取现金的,应出具缴存现金时的现金缴款单原件及其有效身份证件。

③存款人尚未清偿其开户银行债务的,不得申请撤销该账户。

④存款人撤销银行结算账户,必须与开户银行核对银行结算账户存款余额,交回各种重要空白票据及结算凭证和开户登记证,银行核对无误后方可办理销户手续。存款人未按规定交回各种重要空白票据及结算凭证的,应出具有关证明,造成损失的,由其自行承担。

(2)银行销户。

①银行对一年未发生收付活动且未欠开户银行债务的单位银行结算账户,应通知单位自发出通知之日起30日内办理销户手续,逾期视同自愿销户,未划转款项列入久悬未取专户管理。

②银行得知存款人有被撤并、解散、宣告破产或关闭的或注销、被吊销营业执照的,存款人超过规定期限未主动办理撤销银行结算账户手续的,银行有权停止其银行结算账户的对外支付。

③银行撤销单位银行结算账户时应在其基本存款账户开户登记证上注明销户日期并签章,同时于撤销银行结算账户之日起2个工作日内,向中国人民银行报告。

3. 怎样办理印章挂失?

各单位预留银行印鉴的印章遗失时,应当出具公函,填写"更换印鉴申请书",由开户银行办理更换印鉴手续。遗失个人名章的由开户单位备函证明,遗失单位公章的由上级主管单位备函证明。经银行同意后按规定办法更换印鉴,并在新印鉴卡上注明情况。

4. 怎样更换预留印鉴?

更换预留公章或财务专用章时,应向开户银行出具书面申请、原预留签章的式样等相关证明文件。个人遗失或更换预留个人印章或更换签字人时,应向开户银行出具经签名确认的书面申请,以及原预留印章或签字人的个人身份证件。银行应留存相应的复印件,并凭以办理预留银行签章的变更。

第七章 银行票据结算

第一节 票 据

根据国家对货币管理的规定，一切企业、机关、部队和事业单位，都必须在银行开设账户，将资金存入银行。各单位之间的经济往来，除了根据现金管理规定可以使用现金以外，都必须通过银行办理转账结算。

各单位的银行结算业务一般由出纳人员经办，因此作为出纳人员，必须熟悉现行银行结算办法及相关规定。国内现行转账结算办法主要有：支票结算、银行本票结算、银行汇票结算、银行汇兑结算、商业汇票结算、委托收款结算、托收承付结算、信用卡结算和信用证结算。

1. 我国《票据法》规定的票据有哪几种？

按照我国票据法的规定，票据包括汇票、本票和支票。票据可以从不同的角度进行不同的分类。

票据按照付款时间可以分为即期票据和远期票据。即期票据是指付款人见票后必须立即付款给持票人，如支票及见票即付的汇票、本票。远期票据是付款人见票后在一定期限或特定日期付款的票据。

票据按受款人记载方式不同可以分为记名票据和不记名票据。记名票据是指在票据上注明受款人姓名，可由受款人以背书方式转让，付款人只能向受款人或其指定的人付款的票据。不记名票据是指票面上不记载受款人姓名,可不经背书而直接以交付票据转让,付款人可以对任何持票人付款的票据。

2. 什么是票据的伪造与变造?

票据的伪造是指假冒他人名义所作的票据行为,包括票据本身的票据伪造和在票据上签名的票据伪造。票据本身的票据伪造是指假冒他人的名义作为发票人签发票据。在票据上签名的票据伪造是指假冒他人名义而作签发票据以外的其他票据行为,如甲假冒乙在票据上签署乙的姓名作为背书人的背书行为或者作为承兑人的承兑行为。

票据的变造是指没有合法权限的人在已有效成立的票据上变更票据上签名以外的记载内容的行为。比如甲签发本票给乙,金额为10 000元,乙将票据背书转让给丙,丙将金额改成100 000元后转让给丁的行为。

第二节 支票结算

1. 什么是支票结算?

支票是单位或个人签发的,委托银行在见票时无条件支付确定的金额给收款人或者持票人的票据。

支票结算方式是同城结算中应用比较广泛的一种结算方式。单位和个人在同一票据交换区域的各种款项结算,均可以使用支票。支票由银行统一印制,分为现金支票、转账支票和普通支票;支票上印有现金字样的为现金支票;支票上印有转账字样的为转账支票,转账支票只能用于转账;未印有现金或转账字样的为普通支票,普通支票可以用于支取现金,也可以用于转账。在普通支票左上角划两条平行线的,为划线支票,划线支票只能用于转账,不得支取现金。

2. 支票结算有什么特点?

支票结算的特点概括起来说就是简便、灵活、迅速和可靠。

所谓简便,是指使用支票办理结算手续简便,只要付款人在银行有足够的存款,就可以签发支票给收款人,银行凭支票就可以办理款项的划拨或现金的支付。

所谓灵活,是指按照规定,支票可以由付款人向收款人签发以直接办理结算,也可以由付款人出票委托银行主动付款给收款人,另外转账支票在指定的城市中还可以背书转让。

所谓迅速,是指使用支票办理结算,收款人将转账支票和进账单送交银行,一般当天或次日即可入账,而使用现金支票当时即可取得现金。

所谓可靠,是指银行严禁签发空头支票,各单位必须在银行存款余额内签发支票,因而收款人凭支票就能取得款项,一般不存在得不到正常支付的情况。

3. 支票结算有哪些基本规定?

(1)支票的使用范围。按照规定,凡是在银行开立账户的企业、事业单位和机关、团体、部队、学校、个体经济户以及单位所附属食堂、幼儿园等,其在同一城市或票据交换地区的商品交易、劳务供应、债务清偿和其他款项结算等均可使用支票。

(2)除定额支票外,支票一律记名。经中国人民银行总行批准的地区的转账支票还允许背书转让,背书转让必须连续。

(3)支票金额起点为100元。

(4)支票的付款有效期为10天(背书转让地区的转账支票有效期为10天),从签发的次日算起,遇节假日顺延。过期支票作废,银行不予受理。

(5)签发支票要用墨汁或炭素墨水(或使用支票打印机)认真填写;支票大小写金额和收款人三处不得涂改,其他内容如有改动,须由签发人加盖预留银行印鉴之一证明。签发缺印鉴或错账号的支票及签发的支票印鉴不符、账号户名不符的,银行处支票金额5%但不低于1 000元的罚款。

(6)签发现金支票须符合现金管理规定。收款单位凭现金支票收取现金,须在支票背面加盖单位公章即背书,同时,收款单位到签发单位开户银行支取现金,应按银行规定交验有关证件。

(7)付款单位必须在其银行存款余额内签发支票,不得签发空头支票。空头支票是指签发的支票金额超过银行存款余额。签发空头支票要受到银行的处罚。对于签发空头支票,银行要处支票金额5%但不低于1 000元的罚金。如果屡次发生,银行根据情节给予警告或通报批评,直至停止签发支票。

(8)不准出租、出借支票。

(9)已签发的现金支票遗失,可以向银行申请挂失;挂失前已经支付的,银行不予受理。已签发的转账支票遗失,银行不受理挂失,但可以请收款单位协助防范。

4. 如何签发与办理现金支票?

现金支票有两种,一种是支票上印有“现金”字样的现金支票,现金支票只能用于支取现金;一种是未印有“现金”或“转账”字样的普通支票,普通支票可以用于支取现金,也可以用于转账。各单位使用现金支票或普通支票(以下均称现金支票)时,必须按《现金管理暂行条例》中的现金使用范围及有关要求办理。

(1)签发现金支票必须写明收款单位名称或收款人姓名,并只准收款方或签发单位持票向银行提取现金或办理转账结算,不得将现金支票流通。

(2)签发现金支票首先必须查验银行存款是否有足够的余额,签发的支票金额必须在银行存款账户余额以内,不准超出银行存款账户余额签发空头支票。对签发空头支票或印章与预留印鉴不符的支票,银行除退票外并按票面金额处以5%但不低于1 000元的罚款。持票人有权要求出票人赔偿支票金额2%的赔偿金。对屡次签发的,银行可根据情节给予警告、通报批评,直至停止其向收款人签发支票。

(3)签发现金支票不得低于银行规定的金额起点,起点以下的用库存现金支付。支票金额起点为100元,但结清账户时,可不受其起点限制。

(4)要严格执行支票有效期限的规定。支票付款的有效期限为10天。有效期限从签发支票的次日算起,到期日如遇节假日顺延。过期支票作废,银行不予受理。签发支票必须填写当日日期,不得签发远期支票。

(5)支票的持票人应当自出票日起10日内提示付款,异地使用的支票其提示付款的期限由中国人民银行另行规定。超过提示付款期限的,付款人可以不予付款。

5. 如何填写转账支票?

各单位在填写现金支票时,应按有关规定认真填写支票中的有关栏目。现金支票需填写的内容有收款人和开户银行名称、支票号码、签发日期、签发人账号、大小写金额、用途等项目,填写时必须要素齐全、内容真实、数字正确、字迹清晰,不潦草,不错漏,做到标准、规范,防止涂改。签发支票未按规定填写,被涂改冒领的,由签发人负责。

6. 如何签发与办理转账支票?

转账支票的签发及办理与现金支票基本相同。不同的是,经中国人民银行总行批准的地区,转账支票可以背书转让。转账支票的收账手续不同,收款单位在收到转账支票时,除审核有关项目外,需填制进账单,连同转账支票送交开户银行,并根据银行退回的加盖银行印章的进账单第一联(回单)编制收款凭证,出纳人员据以登记银行存款日记账。在日常业务中,有时付款单位签发支票后,同时代收款单位填制银行进账单,将支票连同进账单一并送交银行后,将银行盖章的进账单第一联送交收款单位,收款单位可据以编制凭证,出纳人员据以登记银行存款日记账。

7. 如何处理收到的转账支票?

收款单位出纳员收到付款单位交来的支票后,首先应对支票进行审查,以免收进假支票或无效支票。对支票的审查应包括如下内容：

(1)支票填写是否清晰，是否用墨汁或碳素墨水填写；

(2)支票的各项内容是否填写齐全，是否在签发单位盖章处加盖单位印鉴，大小写金额和收款人有无涂改，其他内容如有改动是否加盖了预留银行印鉴；

(3)支票收款单位是否为本单位；

(4)支票大小写金额填写是否正确，两者是否相符；

(5)支票是否在付款期内；

(6)背书转让的支票其背书是否正确，是否连续。

收款单位出纳员对受理的转账支票审查无误后，即可填制一式两联进账单，连同支票一并送交其开户银行。开户银行审核无误后即可在进账单第一联上加盖"转讫"章退回收款单位。收款单位根据银行盖章退回的进账单第一联编制银行存款收款凭证。

8. 在支票结算方式下，如何处理银行退票？

按照规定，银行对于签发人或收款人提交的现金支票和转账支票必须进行严格的审查，对于付款单位存款数额不足以支付票款（空头支票）或者支票填写不合规定等情况，银行将按规定予以退票。所谓退票就是指银行认为该支票的款项不能进入收款人账户而将支票退回。银行将出具"退票理由书"，连同支票和进账单一起退给签发人或收款人。"退票理由书"的基本格式参见表7-1。收款人收到银行退回的支票后，应立即与付款人进行联系，并作出相应的账务处理。

表7-1　退票理由书

年　月　日

出票单位　　　　　　　　票据号码

项目	内　容	退票理由（打√号）
账户款项不足	存款不足	
	超过放款批准额度或经费限额	

续表

项目	内 容	退票理由(打√号)
内容填写	金额大小写不全、不清楚	
	未填写收款单位或收款人	
	未填写款项用途或用途填写不明	
	按国家规定不能支付的款项	
日期	出票日期已过有效期限	
	非即期支票	
背书签字	背书人签章不清、不全、空白	
	背书人签章与预留银行印鉴不符	
涂改	支票大小写金额或收款人名称涂改	
	日期、账号等涂改处未盖预留银行印鉴证明	
其他	此户已结清,无此账户	
	已经出票人申请止付	
	非本行承付支票	

9.怎样办理支票挂失?

已经签发的普通支票和现金支票,如因遗失、被盗等原因而丧失的,应立即向银行申请挂失。

(1)出票人将已经签发内容齐备的可以直接支取现金的支票遗失或被盗的,应当出具公函或有关证明,填写两联挂失申请书(可以用进账单代替),加盖预留银行的签名式样和印鉴,向开户银行申请挂失止付。银行查明该支票确未支付,收取一定的挂失手续费后受理挂失,在挂失人账户中用红笔注明支票号码及挂失的日期。

(2)收款人将收受的可以直接支取现金的支票遗失或被盗的,也应当出具公函或有关证明,填写两联挂失止付申请书,经付款人签章证明后,到收款人开户银行申请挂失止付。按照规定,已经签发的转账支票遗失或被盗等,由于这种支票可以直接持票购买商品,银行不受理挂失,所以,失票人不能向银行申请挂失止付,但可以请求收款人及其开户银行协助防范。如果丧失的支票超过有效期或者挂失之前已经由付款银行支付票款的,由此所造成的一切损失,均应由失票人自行负责。

10. 使用支票结算应注意哪些问题?

(1)要严格控制携带空白支票外出采购。对预先不能确定采购物资的单价、金额的,经单位领导批准,可将已填明收款人名称和签发日期、明确款项用途和款项限额的支票交采购人员,使用支票人员回单位后必须及时向财务部门结算。

款项限额的办法是在支票正面用文字注明最高限额,并在小写金额栏内用"¥"填定数位。

(2)支票应由财会人员或使用人员签发,不得将支票交收款人代为签发。支票存根要同其他会计凭证一样谨慎保管。

(3)收款人在接受付款人交来的支票时,应注意审核下列内容:支票收款人或被背书人是否确为本收款人;支票签发人及其开户银行的属地是否在本结算区;支票签发日期是否在付款期内;大小写金额是否相符;背书转让的支票其背书是否连续,有无"不准转让"字样;支票是否根据规定用墨汁或碳素墨水填写;大小写金额、签发日期和收款人名称有无更改;其他内容更改后是否加盖印鉴证明;签发人盖章是否齐全等。

(4)对持支票前来购货的购货人必须查明身份,验有关证件。为了避免发生诈骗、冒领或收受空头支票,收款人或被背书人接受支票时,可检查支票人的身份证,摘录身份证号码并问明联系电话等。通常情况下应将受理的支票及时送存银行,待银行将款项收妥并存入本单位账户后再行发货。

第三节 银行本票

1. 银行本票的结算有什么特点?

银行本票是银行签发的,承诺自己在见票时无条件支付确定的金额给收款人或者持票人的票据。

银行本票由银行签发并保证兑付,而且见票即付,具有信誉高、支付功能强等特点。用银行本票购买材料物资,销货方可以见票付货,购货方可以凭票提货;收款人将本票交存银行,银行即可为其入账。无论单位或个人,在同一票据交换区域支付各种款项,都可以使用银行本票。

与其他银行结算方式相比,银行本票结算具有如下特点:

(1)使用方便。我国现行的银行本票使用方便灵活。单位、个体经营户和个人不管其是否在银行开户,其在同城范围内的所有商品交易、劳务供应以及其他款项的结算都可以使用银行本票。收款单位和个人持银行本票可以办理转账结算,也可以支取现金,银行本票同样可以背书转让。银行本票见票即付,结算迅速。

(2)信誉度高,支付能力强。银行本票由银行签发,并于指定到期日由签发银行无条件支付,因而信誉度很高,一般不存在得不到正常支付的问题。其中定额银行本票由中国人民银行发行,各大国有商业银行代理签发,不存在票款得不到兑付的问题。不定额银行本票由各大国有商业银行签发,由于其资金力量雄厚,因而一般也不存在票款得不到兑付的问题。

2. 银行本票包含哪些内容?

银行本票包含以下内容:

(1)表明“银行本票”字样。

(2)无条件支付的承诺。

(3)确定的金额。

(4)收款人的名称。

(5)出票日期。

(6)出票人签章。

3. 银行本票分为哪些类别?

银行本票按金额不同分为定额本票和不定额本票两种。银行本票适用于单位、个体经营户和个人在同城范围内的商品交易和劳务供应以及其他款项的结算。

(1)定额银行本票。定额银行本票一式两联,第一联为签发银行结算本票时,作付出传票;第二联由签发银行留存,结算本票时作传票的附件。

(2)不定额银行本票。不定额银行本票只有一联,由签发银行盖章后交申请人以办理转账结算或取现。

4. 银行本票结算有哪些规定?

银行本票结算有如下规定:

(1)银行本票一律记名。

(2)银行本票允许背书转让。

(3)银行本票的付款期为1个月(不分大月、小月,统一按次月对日计算,到期日遇节假日顺延)。逾期的银行本票,兑付银行不予受理。

(4)银行本票见票即付,不予挂失。遗失的不定额银行本票在付款期满后1个月确未冒领,可以办理退款手续。

(5)不定额本票的金额起点为100元,定额本票的面额分为500元、1 000元、5 000元和10 000元四种。

(6)银行本票需支取现金的,付款人应在“银行本票申请书”中填明“现金”字样,银行受理签发本票时,在本票上划去“转账”字样并盖章,收款人凭此本票即可支取现金。

5. 如何办理银行本票的背书转让?

按照规定,银行本票一律记名,允许背书转让。银行本票的持有人转让本票,应在本票背面“背书”栏内背书,加盖本单位预留银行印鉴,注明背书日期,在“被背书人”栏内填写受票单位名称,之后将银行本票直接交给被背书单位,同时向被背书单位交验有关证件,以便被背书单位查验。被背书单位对收受的银行本票应认真进行审查,其审查内容与收款单位审查内容相同。按照规定,银行本票的背书必须连续,也就是说银行本票上的任意一个被背书人就是紧随其后的背书人,并连续不断。如果本票的签发人在本票的正面注有“不准转让”字样,则该本票不得背书转让;背书人也可以在背书时注明“不准转让”,以禁止本票背书转让后再转让。

6. 如何办理银行本票的退款?

银行本票见票即付,其流动性极强,银行不予挂失。一旦遗失或被窃,被人冒领款项,后果由银行本票持有人自负。所以银行本票持有人必须像对待现金那样,认真、妥善保管银行本票,防止遗失或被窃。

按照规定,超过付款期限的银行本票如果同时具备下列两个条件的,可以办理退款:一是该银行本票由签发银行签发后未曾背书转让;二是持票人为银行本票的收款单位。付款单位办理退款手续时,应填制一式两联进账单连同银行本票一并送交签发银行,签发银行审查同意后在第一联进账单上加盖“转讫”章退给付款单位作为收账通知。

遗失不定额银行本票,且付款期满一个月确未冒领的,可以到银行办理退款手续。在办理退款手续时,应向签发银行出具盖有单位公章的遗失银行本票退款申请书,连同填制好的一式两联进账单一并交银行办理退款,并根据银行退回的进账单第一联编制银行存款收款凭证。

第四节 汇兑结算

1. 什么是汇兑结算方式?

汇兑,是汇款人委托银行将款项汇给外地收款人的一种结算方式。汇兑适用于异地单位、个体经营户和个人各种款项的结算。汇兑根据划转款项的不同方法及传递方式的不同可以分为信汇和电汇两种,由汇款人自行选择。

(1)信汇。

信汇,是汇款人向银行提出申请,同时交存一定金额及手续费,汇出行将信汇委托书以邮寄方式寄给汇入行,授权汇入行向收款人解付一定金额的一种汇兑结算方式。

(2)电汇。

电汇,是汇款人将一定款项交存汇款银行,汇款银行通过电报或电传给目的地的分行或代理行(汇入行),指示汇入行向收款人支付一定金额的一种汇款方式。

2. 汇兑结算有哪些基本规定?

(1)起点没有限制。

汇兑结算不受金额起点的限制,不论汇款金额多少均可以办理信汇和电汇结算。

(2)如何支取现金。

收款人要在汇入银行支取现金,付款人在填制信汇或电汇凭证时,须在"汇款金额"大写金额栏中填写"现金"字样。款项汇入异地后,收款人需携带本人的身份证件或汇入地有关单位足以证实收款人身份的证明,到银行一次办理现金支付手续。信汇或电汇凭证上未注明“现金”字样而需要支取现金的，由汇入银行按现金管理规定审查支付；需部分支取现金的，收款人应填写取款凭证和存款凭证送交汇入银行，办理支取部分现金和转账手续。

(3)如何办理汇款。

汇款人委托银行办理汇兑，应向汇出银行填写信、电汇凭证，详细填明汇入地点、汇入银行名称、收款人名称、汇款金额、汇款用途(军工产品可以免填)等各项内容，并在信、电汇凭证第二联加盖预留银行印鉴。需要注意的是：

①个体经营户和个人需要在汇入银行支取现金的，应在信、电汇凭证上“汇款金额”大写栏先填写“现金”字样，接着再紧靠其后填写汇款金额大写。

②汇款人确定不得转汇的，应在“备注”栏内注明。

③汇款需要收款单位凭印鉴支取的，应在信汇凭证第四联上加盖收款单位预留银行印鉴。

④如何分次支取。

收款人接到汇入银行的取款通知后，若收款人需要分次支取的，应向汇入银行说明分次支取的原因和情况，经汇入银行同意，以收款人名义设立临时存款账户，该账户只付不收，结清为止，不计利息。

⑤如何转汇。

收款人如需将汇款转到另一地点，应在汇入银行重新办理汇款手续。转汇时，收款人和用途不得改变，汇入银行必须在信汇或电汇凭证上加盖“转汇”戳记。

⑥如何退汇。

汇款人对汇出的款项要求退汇时，应出具正式函件，说明要求退汇的理由或本人身份证明和原信、电汇凭证回单，向汇出银行办理退汇。汇出银行审查后，通知汇入银行，经汇入银行查实款项确未解付，方可办理退汇。如汇入银行回复款项已经解付或款项已直接汇入收款人账户，则不能办理退汇。此外，汇入银行对于收款人拒绝接受的汇款，应立即办理退汇。汇入银行对从发出取款通知之日起两个月内仍无法交付的款项，可主动办理退汇。

3. 汇兑结算时应注意哪些事项？

（1）汇款人办理异地汇款时，可按照款项汇入地点的远近和时间的要求，选择信汇或电汇结算方式。填写汇款凭证时，要依据凭证各栏要求，详细填明汇入地点、行名、收款人及汇款用作等项内容并在第二联加盖预留银行印鉴。

（2）按照结算规定，信汇汇款可附带与汇款有关的少量单证，比如向外地订购书刊的订购单、商品订购单以及向外地人员汇付工资时的工资发放表等。电汇款项不允许附带单证。

（3）收款人收到银行转来的收款通知或电划代收报单时，要认真地对凭证的内容进行审查，主要核对凭证收款人全称和账号是否与本单位的全称和账号相符，汇款用途是否与本单位有关，汇入银行是否加盖了转讫印章。在确认属于本单位款项可用途不明的情况下，应及时与本单位有关部门联系，查明款项用途，以便明确有关核算账户。

4. 如何进行同城汇兑结算？

为了方便同城主动汇付款项，银行特制了一种叫“贷记凭证”的结算凭证来办理同城汇兑。

贷记凭证由付款人签发并交银行转付款项。该凭证一式四联，一次填写。其中第一联由付款人留存作记账凭据，借记有关账户，贷记“银行存款”；第二联给付款人开户银行作为划付款项的凭据和借记凭证，付款人在此联加盖预留银行印鉴章；第三联给收款人开户银行作为划转款项的凭据和贷方凭证；第四联则作收款人收账通知，收款人开户银行应在此联盖章后再传给收款人，收款人则凭以借记“银行存款”，贷记有关账户。

第五节 银行汇票

1. 银行汇票有哪些特点?

银行汇票,就是汇款人将款项交存当地银行,由银行签发给汇款人持往异地办理转账结算或支取现金的票据。凡在银行开立账户的单位、个体经营户和未在银行开立账户的个人,都可以向银行申请办理银行汇票,且都可以收取银行汇票。银行汇票适用于异地单位、个体经营户、个人之间需要支付的各种款项。

银行汇票具有以下几个特点:

(1)票随人到,用款及时。银行汇票可由付款人带至异地办理付款,以便于单位和个人急需用款。

(2)付款有保证。因为银行汇票是以银行信用做保证的,所以在使用银行汇票进行结算时,通常不会出现"空头"和无款支付的情况。

(3)使用灵活。持票人不仅可一笔转账,也可分次付款,还可按照需要,通过银行办理转汇,持票人也可将银行汇票背书转让。

(4)兑现性强。异地付款需支付现金时,只要在汇款时间向银行说明用途或以现金交汇,由汇出银行在签发银行汇票"汇款金额"栏大写金额前注明"现金"字样,就可以在兑付银行支取现金,这样,既可避免长途携带现金的不便,又可保证现金的安全。

(5)结算准确,余款自动退回。一般而言,购货单位很难确定具体的购货金额,因而出现汇多用少的情况是不可避免的。在有些情况下,多余款项长时间得不到清算,从而给购货单位带来不便和损失。而使用银行汇票结算则不会出现这种情况,单位持银行汇票购货,凡在汇票的汇款金额之内的,可根据实际采购金额办理支付,多余款项将由银行自动退回,这样可以有效地防止交易尾欠的发生。

2. 如何进行银行汇票结算?

银行汇票付款期限为自出票日起1个月。一般来说,银行汇票结算大致可分为申办银行汇票、持票结算、兑付款项和结清余额四个阶段。银行汇票结算的步骤如图7-1所示。

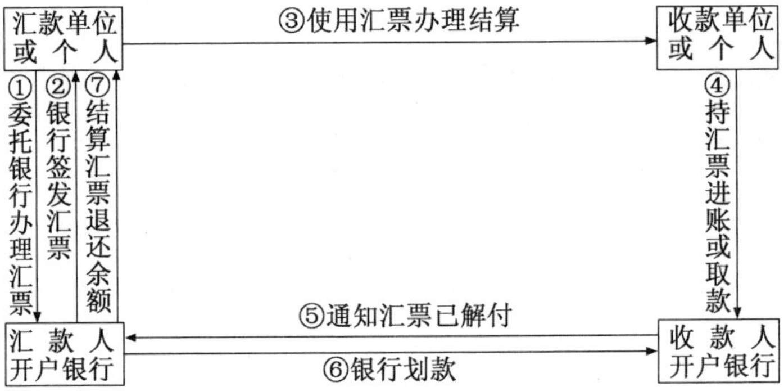

图7-1 银行汇票结算的基本程序图

(1)申办银行汇票。

汇款人办理银行汇票时,应先填写"银行汇票委托书"一式三联,送本单位开户银行申请办理签发银行汇票(本单位开户银行不能办理银行汇票的,应将款项转交附近签发银行汇票的银行办理,未在该银行开户的应同时交付现金)。银行受理后,收妥款项,签发银行汇票一式四联,将第二联汇票和第三联解汇通知等交给汇款人。申请人或收款人为单位的,不得在"银行汇票申请书"上填明"现金"字样。

(2)持票结算。

汇款人在汇款金额内,根据实际需要的款项办理结算,并将实际结算金额和多余金额准确、清晰地填入银行汇票和解汇通知的有关栏内,交给收款人。

(3)兑付款项。

收款人持银行汇票和解汇通知,填写进账单一式二联,一并送本单位开户银行办理入账手续。

(4)结清余额。

收款人按实际结算金额办理入账后,银行将多余款项转给汇款人,由汇款人收回余款。

3. 银行汇票结算的基本规定有哪些?

(1)银行汇票一律记名。汇款人申请办理银行汇票时,应在填写的“银行汇票委托书”上详细填明兑付地点、收款人名称、账号、用途等项内容。能确定收款人的,需详细填明单位、个体经营户名或个人姓名。如不能确定,应填写汇款人指定人员的姓名。

(2)银行汇票金额起点为500元。

(3)银行汇票的付款期为1个月(不分大月、小月一律按次月对应日计算,到期日遇节假日顺延)。逾期的银行汇票,兑付银行不予受理。

(4)汇款人持银行汇票可向填明的收款单位或个体经营户直接办理结算,收款人为个人的也可将转账的银行汇票经背书向兑付地单位或个体经营户办理结算。

(5)支取现金的规定。收款人若需要在兑付地支取现金的,汇款人在填写“银行汇票委托书”时,须在“汇款金额”大写金额栏先填写“现金”字样,后填写汇款金额。

(6)分次支取的规定。收款人持银行汇票向银行支取款项时,若分次支取,应以收款人的姓名开立临时存款户办理,临时存款户只付不收,付完清户,不提计利息。

(7)转汇的规定。银行汇票可转汇,委托兑付银行重新签发银行汇票,转汇的收款人和用途必须是汇款的收款人和汇款用途,兑付银行必须在银行汇票上加盖“转汇”戳记,已转汇的银行汇票,必须以原金额兑付。

(8)退汇的规定。汇款人由于银行汇票超过付款期或其他原因要求退款时,可持银行汇票和解讫通知到签发银行办理退汇。

(9)挂失的规定。持票人若遗失了填明“现金”字样的银行汇票,应立即向兑付银行或签发银行请求挂失。在银行受理挂失前(包括对方行收到挂失通知前)被冒领的,银行一律不负责。若遗失了填明收款单位或个体经营户名称的汇票,银行不予挂失,但可通知收款单位或个体经营户、兑付银行、签发银行,请求共同防范。遗失的银行汇票在付款期满后1个月内,确未被冒领的,可办理退汇手续。

4.银行汇票结算应注意哪些事项?

(1)汇款人申请办理银行汇票时,应按照需要确定是否支付现金和允许转汇,若需支取现金,可在填写“银行汇票委托书”大写金额前注明“现金”字样,银行受理后签发带有“现金”字样的银行汇票;若明确不得转汇的,可在“银行汇票委托书”备注栏注明“不得转汇”字样,银行在按照要求签发的银行汇票备注栏注明“不得转汇”字样,汇票就不能再办理转汇。

(2)收款人受理银行汇票时,要注意审查以下内容:

①收款人或被背书人是否确为本收款人;

②银行汇票是否在付款期内,日期、金额等内容填写是否正确无误;

③印章是否清晰,是否有用压数机压印的金额;

④银行汇票收讫通知是否齐全,是否相符;

⑤汇款人与背书人的证明或证件是否真实,是否与其背书相符。

(3)收款人在受理银行汇票办理转账时,若将实际结算金额或多余金额填错,可用红线划去,在其上方重新填上正确的数字并加盖印章,但只限更改一次。

第六节 商业汇票

1.什么是商业汇票?分为哪些类别?

(1)商业汇票的概念。

商业汇票,是指由收款人签发,经付款人承兑或付款人自己签发并承兑的汇票,其信用度不如银行汇票。如果在银行开立存款账户的法人与其他组织之间具有真实的交易关系或者债权债务关系,就能使用商业汇票办理有关的银行结算事宜。个体经营户、个人以及法人的附属机构等不具备法人资格的单位或未在银行开立法人账户的法人,都不能使用商业汇票。

(2)商业汇票的种类。

按承兑人不同,商业汇票一般分为商业承兑汇票和银行承兑汇票。

商业承兑汇票,是指由收款人签发,经付款人承兑,或由付款人签发并承兑的票据。它适用于在银行开立账户的法人之间根据购销合同进行的商品交易。

银行承兑汇票,是指由收款人或承兑申请人签发,承兑申请人向开户银行申请,经银行审查同意承兑的票据。它适用于国有企业、股份制企业、集体所有制工业企业、供销合作社以及医疗卫生、机关学校等单位间根据购销合同进行的商品交易。其他法人和个人不得使用银行承兑汇票。

2. 商业汇票结算有哪些特点?

(1)适用范围较窄。

各企业单位之间只有根据购销合同进行合法的商品交易,才能签发商业汇票。除商品交易以外,其他方面的结算,如劳务报酬、债务清偿、资金借贷等,不应采用商业汇票结算方式。

(2)使用对象较少。

商业汇票的使用对象是在银行开立账户的法人。使用商业汇票的收款人、付款人以及背书人、被背书人等必须同时具备以下两个条件:

①在银行开立账户。

②具有法人资格。

(3)必须经过承兑才具有效力。

商业汇票可以由付款人签发,也可以由收款人签发,但都必须经过承兑。只有经过承兑的商业汇票才具有法律效力,承兑人负有到期无条件付款的责任。商业汇票的承兑期限由交易双方商定,一般为3~6个月,属于分期付款的应一次签发若干张不同期限的商业汇票。

(4)未到期的也可以办理贴现。

未到期的商业汇票可以到银行办理贴现,从而使结算和银行资金融通相结合,有利于企业及时地补充流动资金,维持生产经营的正常进行。

3. 商业汇票结算有哪些规定?

(1)付款期限。

①商业汇票的付款期限最长不得超过6个月。

②商业汇票的提示付款期限是自汇票到期日起10日内。

③定日付款的商业汇票付款期限自出票日起计算,并且需要在汇票上注明具体的到期日。

(2)商业汇票一律记名,可以背书转让;如果签发人或承兑人在汇票正面注明"不得转让"字样,该汇票不能背书转让。

(3)商业汇票到期后,一律由银行办理转账结算,不支付现金。

(4)银行承兑商业汇票的金额每张不能超过1 000万元。

(5)使用商业汇票的单位必须是在银行开立账户的企业法人。

(6)签发商业汇票应以商品交易为基础,禁止签发、承兑、贴现无商品交易的商业汇票。严禁利用商业汇票套取银行贴现资金。

(7)收款人在商业承兑汇票审查中应注意的问题:

①是否为中国人民银行统一印制的商业承兑汇票。

②汇票的签发和到期日、收付款单位的名称(必须是全称)和账号及开户银行、大小写金额等栏目是否填写齐全、正确。

③汇票上的签章(签发人处应加盖签发单位的法人印章,承兑人盖章处盖付款人预留银行印鉴并填写承兑的日期)是否齐全、正确。

④汇票是否超过有效承兑期限(最长为6个月,但应注意的是,有效期是从承兑日开始计算,而不是从汇票的签发日开始)。

⑤汇票上有无批注"不得转让"的字样。经转让的汇票,背书是否连续

(每一手的背书人是否为前一手的被背书人或收款人),背书的签章是否正确(是否为单位公章、财务专用章)。

4. 商业承兑汇票的结算程序是怎样的?

(1)签发和承兑商业承兑汇票。

商业承兑汇票一式三联,可由收款人签发,也可由付款人签发。汇票签发后,第三联由签发人留存备查,第一联由付款人(即承兑人)留存,第二联汇票由付款人(即承兑人)在承兑栏加盖预留银行印鉴,并在商业承兑汇票正面签署"承兑"字样,以示承兑后,将商业承兑汇票交给收款人。

(2)承兑并加盖预留银行印鉴。

(3)委托收款。收款人或被背书人将要到期的商业承兑汇票送交开户银行办理收款手续,一般采取委托收款方式。委托银行收款时应填写一式五联的委托收款凭证,在委托收款凭证名称栏内注明"商业承兑汇票"字样及汇票号码。在商业承兑汇票第二联背面加盖收款单位公章后,一并送交开户银行。收款人开户银行审核无误后,将商业承兑汇票及相关凭证寄往承兑人开户银行,办理委托收款。

(4)到期兑付。付款人应于商业承兑汇票到期日前积极筹措款项,于到期日前将票款足额交存其开户银行。

(5)银行划拨款项。付款人开户银行收到传来的委托收款凭证和商业承兑汇票后,将款项划给收款人或被背书人。

(6)收妥入账。

5. 银行承兑汇票的结算程序是怎样的?

(1)出票(指由收款人或付款人签发汇票)。

(2)申请银行承兑并签订承兑协议。

(3)银行同意承兑。

(4)送交银行承兑汇票。

(5)到期交付票款。

(6)到期日前委托银行收款。

(7)承兑行将款项划拨给收款人开户银行。

(8)收款人收妥票款入账。

银行承兑汇票结算程序如图7-2所示。

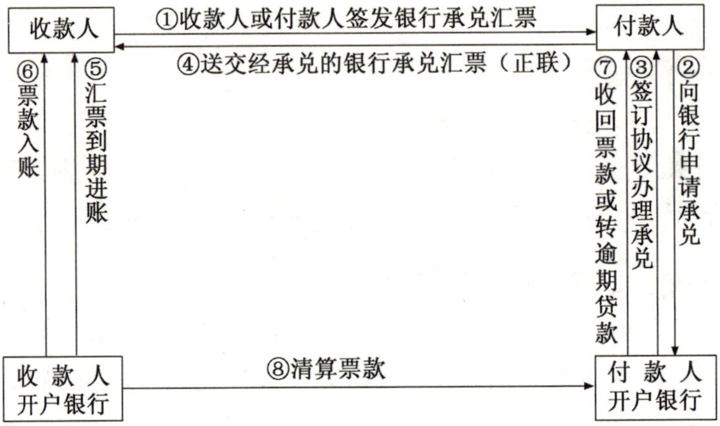

图7-2　银行承兑汇票结算程序图

第七节　信用卡结算

1. 什么是信用卡结算方式？

信用卡，是指由银行或专营机构签发，可在约定银行或部门存取现金、购买商品及支付劳务报酬的一种信用凭证。信用卡既适用于同城结算，又适用于异地结算。持卡人可在同城和异地凭卡支取现金、转账结算和信用消费等。

(1)信用卡的种类。

信用卡依据不同的划分方式可有不同的分类。根据《支付结算办法》的规定，信用卡按使用对象分为单位卡和个人卡。单位卡是指商业银行向企业、事业单位、学校、机关、团体、部队等单位发行的信用卡，其使用对象为单位；个人卡是指商业银行向个人发行的信用卡，其使用对象为个人。

信用卡按信用等级分为金卡和普通卡。一般而言，金卡持卡人善意透支时透支的金额大于普通卡持卡人的透支金额。

(2)信用卡的适用范围。

信用卡产生的结算关系一般涉及三方当事人，即银行、持卡人和商户。商户向持卡人提供商品或服务，然后向持卡人的发卡行收回货款或费用，再由发卡行或代办行向持卡人办理结算。

2. 怎样申领和使用信用卡？

根据《支付结算办法》的规定，单位卡和个人卡的申请与使用不尽相同。

(1)单位卡。

凡申领单位卡的单位，必须在中国境内金融机构开立基本存款账户，并按规定填制申请表，连同有关资料一并送交发卡银行。该单位符合条件并按银行要求交存一定金额的备用金以后，银行为申领人开立信用卡存款账户，并发给信用卡。单位卡可以申领若干张，持卡人资格由申领单位法定代表人或其委托的代理人书面指定和注销。

在单位卡的使用过程中，其账户的资金一律从其基本存款账户转账存入，不得交存现金，不得将销货收入的款项存入信用卡账户。单位卡不得用于10万元以上的商品交易、劳务供应款项的结算，并一律不得支取现金。如果需要向其账户续存资金的，单位卡的持卡人必须按前述转账方式转账存入。

(2)个人卡。

凡具有完全民事行事能力的公民可申领个人卡。个人卡的主卡持卡人可为其配偶及年满18周岁的亲属申领附属卡，申领的附属卡最多不超过两张，主持卡人也有权要求注销其附属卡。

3. 对信用卡的透支、销户及挂失有何规定？

(1)信用卡的透支。

根据《支付结算办法》的规定，信用卡的持卡人在信用卡账户内资金不足以支付款项时，可以在规定的限额内透支，并在规定期限内将透支款项偿还给发卡银行。但是，如果持卡人进行恶意透支的，即超过规定限额或规定期限，并经发卡银行催收无效的，持卡人必须承担相应的法律责任。

(2)信用卡的销户。

持卡人不需要继续使用信用卡的，应持信用卡主动到发卡银行办理销户。持卡人办理销户时，如果账户内还有余额，单位卡应将该账户内的余额转入其基本存款账户，不得提取现金；个人卡账户可以转账结算，也可以提取现金。

持卡人透支的，只有在还清透支利息后，在下列情况下，可以办理销户：

①信用卡有效期满 45 天后，持卡人不更换新卡的。

②信用卡挂失满 45 天后，没有附属卡，不更换新卡的。

③信用卡被列入止付名单，发卡银行已收回其信用卡 45 天的。

④持卡人死亡，发卡银行已收回其信用卡 45 天的。

⑤持卡人要求销户或担保人撤销担保，并已交回全部信用卡 45 天的。

⑥信用卡账户两年以上未发生交易的。

⑦持卡人违反其他规定，发卡银行认为应该取消资格的。

发卡银行办理销户，应当收回信用卡。有效信用卡无法收回的，应当将其止付。

(3)信用卡的挂失。

信用卡丢失后，持卡人应立即持本人身份证件或其他有效证明，并按规定提供有关情况，向发卡银行或代办银行申请挂失。发卡银行或代办银行审核后办理挂失手续。

如果持卡人不及时办理挂失手续而造成损失的，应自行承担；如果持卡人办理了挂失手续而因发卡银行或代办银行的原因给持卡人造成损失的，则应由发卡银行或代办银行承担。

4. 在日常的信用卡保管中应注意哪些事项？

保管信用卡，一方面要防止因信用卡损伤而导致无法正常使用，另一方

面则要保证用卡安全。具体来说,使用过程中应注意以下几点:

(1)防止银行卡磁条表面的磨损。银行卡磁条上存储着客户的相关资料信息,如果磁条表面受到严重损伤,会导致信息减弱、改变甚至丢失,POS、ATM 等终端设备可能就无法读出正确的银行卡信息,造成交易失败。因此,平时一定要保护好信用卡磁条表面。比如,银行卡最好放在带硬皮的钱夹里,千万不要随意扔在杂乱的包中,防止尖锐物品磨损、刮伤磁条或信用卡的扭曲折坏。

(2)防止银行卡磁条磁性干扰。第一,放置信用卡的位置不能太贴近磁性包扣。第二,放置时应尽可能远离电视、冰箱、电磁炉、微波炉等电器周围的高磁场所,也尽量不要和手机、电脑、掌上电脑、磁铁等带磁物品放在一起。第三,避免将多张银行卡紧贴在一起存放,更不能将两张银行卡背对背放置在一起,使磁条相互磨擦、碰撞。

(3)最好将信用卡随身保管。不要将卡置于车内或寄物柜中,也不要将装有信用卡的钱包放在外套口袋,在一些需要寄放外套的餐厅等公共场合,记得将卡取出随身保管。暂时不用的信用卡,如果随身携带不便的话,可以放在上锁的抽屉或柜子里,切忌随意丢置。

(4)为了保证信用卡不被他人盗用,最好将银行卡、密码和身份证分开存放,尤其避免向其他人泄露信用卡的有关资料信息。更不要将自己的卡转借给他人使用,否则极易发生银行扣卡、止付以及资金损失等情况,甚至引起债务纠纷。

(5)卡号应与发卡银行的服务专线电话号码另行抄录并妥善保管,以便发生意外时第一时间与发卡银行取得联系,及时挂失以避免造成损失。

(6)如果信用卡出现损坏,应当将卡片剪断,用挂号信寄回或直接送交发卡银行,上面注明“卡片毁损”,银行可换发一张新的信用卡。

(7)不要过多地持有信用卡。过多持有信用卡,可能会给持卡人带来诸多不便。一是要奔波于多家银行之间,浪费大量时间和精力;二是增加密码等信息给自己带来的记忆负担;三是增加了过度消费及遗失信用卡的风险;四是支付年金带来额外支出。因此,应当对手中的信用卡进行整理,尽量将不同银行、不同种类的信用卡功能进行整合，将已经不用的“睡眠卡”及时送交银行销户。

5. 如何处理信用卡透支？

信用卡的透支是指持卡人在发卡行账户上已经没有资金或者资金不足的情况下，根据发卡行协议或者经银行批准，允许其超过现有资金额度支取现金或者持卡消费的行为。

透支分为善意透支和恶意透支。对于善意透支，透支金额要计取利息。如果持卡人进行恶意透支，即超过规定限额或规定期限，并经发卡银行催收无效的，持卡人必须承担相应的法律责任。

6. 使用信用卡时需注意哪些问题？

(1)单位账户的资金一律从基本存款账户转账存入，不得交存现金，不得将销货收入的款项存入其账户。

(2)信用卡仅限于合法持卡人本人使用，持卡人不得出租或转借信用卡。

(3)单位信用卡不得用于 10 万元以上的商品交易和劳务供应款项的结算。

(4)持卡人带卡购物，消费时需将信用卡和身份证一并交特约单位并在签购单上签名确认。

(5)特约单位不得通过压卡、签单和退货等方式支付持卡人现金。

(6)单位卡一律不得支取现金。

(7)持卡人不得恶意透支，恶意透支指持卡人超过规定限额或规定期限，并经发卡银行催收无效的透支行为。

(8)持卡人不需要继续使用信用卡的，应持信用卡主动到发卡银行办理销户。销户时，单位卡账户余额转入其基本存款账户，不得提取现金。

第八章　外汇管理业务

外汇不等于人们常说的外币,它是国际结算业务中的一个重要概念,出纳人员在办理涉外收支结算业务时,必须要掌握外汇的基本常识,才能顺利地完成各项外汇工作任务。

外汇是国际汇兑的简称,指外国货币或以外国货币表示的能用于国际结算的支付手段和资产,主要包括信用票据、支付凭证、有价证券及外汇现钞等。

我国《外汇管理条例》第三条对外汇的具体内容作出如下规定:外汇是指下列以外币表示的可以用作国际清偿的支付手段和资产:(1)外币现钞,包括纸币、铸币;(2)外币支付凭证或者支付工具,包括票据、银行存款凭证、银行卡等;(3)外币有价证券,包括债券、股票等;(4)特别提款权;(5)其他外汇资产。

第一节　汇　　率

1. 怎样理解汇率?

汇率,又称汇价,指一国货币以另一国货币表示的价格,或者说是两国货币间的比价,通常用两种货币之间的兑换比例来表示。比如:USD/JPY = 100,表示 1 美元等于 100 日元,在这里美元称为单位货币,日元称为计价货币。

在外汇市场上,汇率是以五位数字来显示的,如:

欧元/美元:EUR/USD 1.302 9。1 欧元等于 1.302 9 美元,欧元为单位货币,美元为计价货币。

英镑/美元:GBP/USD 1.544 9。1 英镑等于 1.544 9 美元,英镑为单位货币,美元为计价货币。

2.汇率的标价方式有哪些?

在进行外汇折算时,由于选择计价货币的标准不同,可以分为两种标价方法:直接标价法和间接标价法。

(1)直接标价法。直接标价法,又叫应付标价法,是以一定单位(1,100,1 000,10 000)的外国货币为标准来计算应付出多少单位本国货币。相当于计算购买一定单位外币应付多少本币,所以叫应付标价法。包括中国在内的世界上绝大多数国家目前都采用直接标价法。在国际外汇市场上,日元、加元等均为直接标价法,如日元 100.05 即 1 美元兑 100.05 日元。

(2)间接标价法。间接标价法又称应收标价法。它是以一定单位(如 1 个单位)的本国货币为标准,来计算应收若干单位的外国货币。在国际外汇市场上,欧元、英镑、澳元等均为间接标价法。如欧元 1.311 1 即 1 欧元兑 1.311 1 美元。

3.怎样理解货币升值和货币贬值?

在直接标价法下,若一定单位的外币折合的本币数额多于前期,则说明外币币值上升或本币币值下跌,叫做外汇汇率上升,如 1 美元等于 100.05 日元变为 1 美元等于 101 日元,表示美元升值或日元贬值,即是外汇汇率上升。反之,如果用比原来较少的本币即能兑换到同一数额的外币,这说明外币币值下跌或本币币值上升,叫做外汇汇率下跌,即外币的价值与汇率的涨跌成正比。

在间接标价法中,本国货币的数额保持不变,外国货币的数额随着本国货币币值的对比变化而变动。如果一定数额的本币能兑换的外币数额比前期少,这表明外币币值上升,本币币值下降,即外汇汇率上升;反之,如果一定数额的本币能兑换的外币数额比前期多,则说明外币币值下降,本币币值上升,即外汇汇率下跌,即外币的价值和汇率的升跌成反比。

4. 汇率分为哪几类?

汇率由于其具有时效性强和受环境影响大的特点,按不同的情况有以下分类方法:

(1)买入汇率和卖出汇率。在我国,外汇收支一般均集中在商业银行和政策性单位,它们在收支外汇的过程中实行外汇买卖,以赚取买卖差价,其外汇标价方法可以分为买入汇率、卖出汇率和中间汇率。

买入汇率又称买入价,是指银行向持汇人(包括企业)买入外汇时所标明的汇率。

卖出汇率又称卖出价,是指银行向购汇人(包括企业)卖出外汇时所标明的汇率。

中间汇率是指买入价和卖出价的平均价,等于买入价加卖出价之和除以2。

例如,某日,银行当天的美元买入价为1美元=6.20元人民币,当天的美元卖出价为1美元=6.40元人民币,则美元中间价为1美元=6.30元人民币。对于企业而言,银行买入价则是企业的卖出价,银行卖出价则是企业的买入价,切记不可混淆。

(2)即期汇率和远期汇率。汇率时效性相当强,例如,1月5日汇率为1美元=6.2735元人民币,但1月6日汇率可能是1美元=6.2760元人民币,1月7日则可能是1美元=6.2715元人民币等。在这种情况下,可按外汇买卖交割时间的长短来划分汇率。

即期汇率是指双方买卖成交后,在当天或于两天内付款,实行交割的汇率。

远期汇率又称为期汇汇率,是指外汇买卖在未来某一约定时期的汇率,常在外汇交易套期保值业务和外汇约定套期保值业务中为避免外汇汇率变动风险或进行投机性交易时采用。

(3)国际汇兑方式下的汇率。电子国际汇兑结算业务中,由于信用工具和外汇收付时间的不同,可分为电汇汇率、信汇汇率和票汇汇率。

电汇汇率是以电报、海底电缆或电传传达付款时所使用的汇率,由于不受利息因素的干扰,也无外汇风险,一般被视为基准汇率。

信汇汇率是以信函传达付款通知时使用的汇率。

票汇汇率是指银行买卖外汇资产、支票或其他票据时所使用的汇率,由于付款时间不同可分为即期票汇汇率和远期票汇汇率。

5.在处理外汇业务中应注意哪些事项?

外汇业务属于特殊类型的经济业务,其会计核算方法也有其特定的原则,具体如下:

(1)外币账户采用双币记账。即在反映外币业务时,在将外币折算为记账本位币入账的同时,还要在账簿上登记业务发生的成交货币(原币),以真实全面地反映一笔外汇业务的实际情况。

(2)外币核算采用折算价入账。企业发生外币业务时,应当将有关外币金额折合为记账本位币金额记账,除另有规定外,所有与外币业务有关的账户,应当采用业务发生时的汇率(也可以采用业务发生当期期初的汇率)折合。

(3)汇兑损益的账务处理。企业向外汇指定银行结售或购入外汇时,按银行买入价、卖出价进行交易,与市场的汇率产生的汇率差额,作为外币兑换损益计入汇兑损益。

(4)外币账户月末余额的账务处理。企业对各外币账户的期末余额要以期末市场汇率折合为记账本位币的金额,如实反映该外币按月末汇率折算为记账本位币后的实际期末余额,并将折算的期末余额与原记账本位币余额的差额按规定记入该账户和汇兑损益账户。

(5)外币分账制的账务处理。对于经营多种货币信贷或融资租赁业务的企业，也可以根据业务的需要，采用分账制。即企业对外币业务在日常核算时按照外币原币进行记账，分别对不同的外币币种核算其所实现的损益，编制各种货币币种的出纳报表，并在资产负债表中一次性地将各外币会计报表折算为记账本位币表示的会计报表，据以编制企业的汇总会计报表。

第二节　外汇账户

1. 如何开设外汇账户？

按照国家外汇管理局（也称“外汇局”）颁布的《外汇账户管理暂行办法》的规定，不同的外汇，办理开户的手续各不相同：

（1）下列外汇开户单位应首先向外汇局提出申请，持外汇局核发的《外汇账户使用证》到开户银行办理开户手续：

①经营境外承包工程、向境外提供劳务、技术合作及其他服务业务的公司，在上述业务项目进行过程中收到的业务往来外汇。

②从事代理对外或境外业务的机构代收待付的外汇。

③暂收待付或暂收待结项下的外汇，包括境外汇入的投标保证金、履约保证金、先收后支的转口贸易收汇、邮电部门办理国际汇兑业务的外汇汇兑款、一类旅行社收取的国外旅游机构预付的外汇、铁路部门办理境外保价运输业务收取的外汇、海关收取的外汇保证金、抵押金等。

④保险机构受理外汇风险、需向境外分保以及尚未结算的保费。

⑤捐赠协议规定用于境外支付的捐赠外汇。

开户单位向外汇局申请领取《外汇账户使用证》必须持有下列材料：

①申请开立账户的报告。

②企事业单位持工商行政管理部门颁发的营业执照，社会团体持民政部门颁发的社团登记证，其他单位持国家授权机关批准成立的有效批件。

③外汇局要求提供的其他有关材料。

外汇管理局审查同意后，发给《外汇账户使用证》，在其中注明账户的币种、收支范围、使用期限及相应的结汇方式。

(2)下列外汇，开户单位可以持下列有效凭证直接到开户银行办理开户手续：

①外商投资企业的外汇，持外汇局核发的《外商投资企业外汇登记证》；

②境外借款、发行外币债券取得的外汇，持外汇局核发的《外债登记证》或者《外汇(转)贷款登记证》；

③驻华机构的外汇，持机构设立批准部门的批准文件或者工商登记证。

④境外法人或者自然人作为投资汇入的外汇，持汇款凭证或者投资意向书。

(3)下列外汇开户单位须持经批准文件向外汇管理局提出申请，持外汇管理局核发的《开户通知书》，到开户银行办理开户手续：

①经国家批准专项用于偿还境内外外汇债务的外汇；

②经批准对境外法人、自然人发行股票取得的外汇。

按照规定，中国境内的企事业单位、机关和团体应当在其注册地开户银行办理开户，需要在境内其他地区开立外汇账户的，应在当地注册或者持登记所在地外汇管理局的核准文件及有关材料向开户所在地外汇管理局申请，并按照规定办理开户手续。开户单位向银行办理开户手续，除了应持有上述有关材料外，还应填制开户申请书，经银行审查同意后办理开户。境内机构在境外开立外汇账户的，须向外汇管理局提出申请，经批准后方可在境外开户。

2. 如何撤销外汇账户？

按照规定，外汇账户使用期满或者由于其他原因需要撤销时，外汇管理局按照规定对开户银行和开户单位下达《撤销外汇账户通知书》，并对该账户余额作出明确处理，限期办理撤户手续。境内企事业单位、机关和社会团体按照规定关闭账户时，其外汇余额全部结汇；其中属于外商投资企业外方投资者的部分，允许其转移或汇出。账户关闭后，开户单位应当将《外汇账户使用证》、《外债登记证》和《外汇(转)贷款登记证》退回外汇管理局。

按照规定，境内机构经批准在境外开立的外汇账户，自使用到期之日起30日内，开户单位须向外汇管理局提出已注销境外账户说明，将余额调回境内，并提交销户清账单；需要延期使用境外账户的，须在到期前30天向外汇管理局提出申请。

第三节　外汇业务的会计处理方法

1. 外汇业务有哪些会计处理方法?

外汇业务是指企业以记账本位币以外的货币进行账款收付、往来结算等经济业务。主要包括：企业购买以外汇计价并结算的劳务或商品、企业借入或借出外汇债务、企业清偿或承担以外汇计价的债务等。

外汇业务的会计处理方法有外汇统账制和外汇分账制两种。外汇统账制是指企业发生外汇业务时，折算为记账本位币入账；外汇分账制则是指企业在日常核算时按照业务发生的原币记账，分币种核算损益和编制会计报表，在资产负债表日将外汇会计报表换算为记账本位币表示的会计报表，并与记账本位币报表进行合并，编制企业整体业务的会计报表。

从我国当前的会计实践来看，绝大多数企业均选用简便易行的外汇统账制的记账方法，只有一些外汇业务多、金额大的企业如商业银行才采用外汇分账制，本书只介绍外汇统账制的记账方法。

2. 外汇统账制的核算程序是怎样的?

企业发生外汇业务时，其会计核算的基本程序是：

第一，根据一定的折算汇率，将外汇金额折算为记账本位币金额，按照折算后的记账本位币金额登记有关账户；在登记有关记账本位币账户的同时，按照外汇金额登记相应的外汇账户。将外汇金额折算为记账本位币金额时，应采用外汇业务发生时的市场汇率，也可以采用外汇业务发生当期期初的市场汇率，但一旦选定一种方式，则不能随意变动。

第二，期末（指月末、季末、年末），对各种外汇账户（包括外汇现金、外汇银行存款、以外汇结算的债权债务）的期末余额，按照期末市场汇率折合为记账本位币金额，并将外汇账户期末余额折合为记账本位币的金额与相对应的记账本位币账户的期末余额之间的差额，确认为财务费用中的汇兑损益项目；如果属于企业筹建期的，应计入长期待摊费用；如果属于与购建固定资产相关的专门的外币借款产生的汇兑损益，则需要资本化，计入所构建的固定资产的成本。

3. 外汇核算怎样设置账户？

涉外企业在核算外币业务时，应当根据实际情况设置相应的外币账户。包括外币现金、外币银行存款、以外币结算的债权（如应收票据、应收账款、预付账款等）和债务（如短期借款、应付票据、应付账款、预收账款、应付职工薪酬、长期借款等）。外币账户应当与非外币的各该相同的账户分别设置，并分别核算。

（1）“库存现金——××外币”账户的设置。

有外币现金的企业，出纳人员应当分别对人民币和各种外币设置现金日记账进行明细核算，按外币业务核算的原则进行会计处理，保证出纳信息的真实性和及时性。

（2）“银行存款——××外币”账户的设置。

有外币存款的企业，应分人民币和各种外币设置银行存款日记账进行明细核算，对于按期末汇率折合的人民币金额与原账面人民币金额之间的差额，作为汇兑损益，分别情况处理：

①筹建开办期间发生的汇兑损益，计入长期待摊费用。

②与购建固定资产有关的外币专门借款产生的汇兑损益，按借款费用

的处理原则处理。

③除上述情况外,汇兑损益均计入当期财务费用。

(3)"财务费用——汇兑损益"账户的设置。

为了准确地核算企业的汇兑损益,应设置"财务费用——汇兑损益"账户。该账户属于损益类账户,贷方登记本期汇兑收益数额,借方登记汇兑损失数额;余额在借方表示汇兑损失的净额,在贷方则表示汇兑收益的净额。期末应将"财务费用——汇兑损益"账户余额结转至"本年利润"账户,结转后"账务费用——汇兑损益"账户无余额。

4. 如何进行外币兑换的会计核算?

(1)企业将外币卖给银行的核算。

企业将其所持有的外币卖给银行,银行按当日买入价折算成人民币付给企业。由于"银行存款——人民币"是按实得人民币记账的,而"银行存款——外币"等外币账户是按当日市场汇率或当期期初市场汇率记账的,由此而产生的买入价与市场汇率的差额,记入"财务费用——汇兑损益"科目,即借记"银行存款——人民币"科目和"财务费用——汇兑损益"科目,贷记"银行存款——外币"科目。有些不允许开立现汇账户的企业,取得的外币收入必须及时地结售给银行,从而成为外币兑换业务。

案例 8-1

某企业以业务发生日的市场汇率作为折合汇率。3 月 15 日出口产品,售价 1 000 美元,当日的市场汇率为 \$ 1 = ¥6.30。3 月 22 日收到外汇并结售给银行,当日市场汇率为 \$ 1 = ¥6.35,银行买入价为 \$ 1 = ¥6.32,实际收到人民币 6 320 元。则

3 月 15 日应编制会计分录:

借:应收账款　　　　(\$ 1 000 ×6.30)6 300

　贷:主营业务收入　　　　6 300

3月22日应编制会计分录:

借:银行存款——人民币 (\$ 1 000×6.32)6 320

财务费用——汇兑损益 30

贷:应收账款 (\$ 1 000×6.35)6 350

期末,对“应收账款”科目按期末市场汇率进行调整,调整后与原账面记账本位币之间的差额,作为汇兑损益,记入“财务费用”。在案例8-1中,“应收账款”科目的外币期末余额显然为零。

(2)企业从银行买入外币的核算。

企业买入外币时,银行按卖出价计算并收取人民币。由于“银行存款——人民币”是按实付人民币记账的,而“银行存款——外币”等外币账户是按当日市场汇率或当期期初市场汇率记账的,由此而产生的银行卖出价与市场汇率的差额,记入“财务费用——汇兑损益”科目,即借记“银行存款——外币”科目,贷记“财务费用——汇兑损益”科目和“银行存款——人民币”科目。

案例8-2

某企业没有现汇账户,其外币业务的核算以业务发生日的市场汇率作为折合汇率。3月15日为归还一笔2 000美元的应付账款而向银行购入外汇,当日的市场汇率为\$ 1 = ¥6.30,银行卖出价为\$ 1 = ¥6.35,企业实际付出人民币6 350元。则3月15日应编制会计分录:

借:应收账款 (\$ 1 000×6.30)6 300

财务费用——汇兑损益 50

贷:银行存款 6 350

5.如何核算外币借款业务?

(1)允许开立外汇现汇账户的企业发生外币借款业务时的会计处理。

允许开立外汇现汇账户的企业,借款业务的账务处理比较简单,只需把所借外币按当日或当期期初的市场汇率折算成记账本位币入账即可。由此造成的“短期借款”科目借贷两方的人民币差额,在期末进行调整时一并处理。

案例 8-3

某企业从银行借入 5 000 美元,当日的市场汇率为 \$ 1 = ¥6.30。则应编制如下会计分录:

借:银行存款——美元　　　　(\$ 5 000 ×6.30)31 500

　贷:短期借款——美元　　　　31 500

还款时,假设市场汇率为 \$ 1 = ¥6.40,则应编制分录:

借:短期借款——美元　　　　(\$ 5 000 ×6.40)32 000

　贷:银行存款——美元　　　　32 000

(2)不允许开立外汇现汇账户的企业发生外币借款业务时的会计处理。

不允许开立现汇账户的企业,即不能设置“银行存款——美元”账户,在归还借款时产生的汇兑损益及短期借款的利息支出均记入“财务费用”科目。

案例 8-4

某企业 3 月 5 日从银行借入 5 000 美元,归还应付账款,当日的市场汇率为 \$ 1 = ¥6.30。4 月 25 日从银行买入外汇归还,当日的市场汇率为 \$ 1 = ¥6.35,银行卖出价为 \$ 1 = ¥6.40。3 月 31 日的市场汇率为 \$ 1 = ¥6.32,则

(1)3 月 5 日借入时,应编制如下会计分录:

借:应付账款——美元　　　　(\$ 5 000 ×6.30)31 500

　贷:短期借款——美元　　　　(\$ 5 000 ×6.30)31 500

(2)3 月 31 日对短期借款科目余额按 \$ 1 = ¥6.32 进行调整:

借:财务费用——汇兑损益　　　　($ 5 000 ×0.02)100
　贷:短期借款——美元　　　　($ 5 000 ×0.02)100

(3)4 月 25 日归还时:

借:短期借款——美元　　　　(5 000 ×6.35)31 750
　财务费用——汇兑损益　　　　250
　贷:银行存款——人民币　　　　(5 000 ×6.40)32 000

6. 如何调整会计期末外汇账户余额?

企业发生的外币交易业务,包括进口、出口以及其他以外币结算的收入和支出业务,均按当日或当期期初的市场汇率折合为记账本位币。由于借贷双方使用相同的汇率进行折算,故平时不会产生汇兑损益。在月份(或季度、年度)终了,要对所有外币账户余额按期末市场汇率进行调整。调整程序如下:

案例 8-5

某企业有关外币账户期末调整的资料如表 8-1 所示。

表 8-1　　**期末外币账户调整计算表**

外币科目	美元余额	期末汇率	调整后人民币余额	调整前人民币余额	差额
银行存款	1 000(借)	6.30	6 300(借)	6 400(借)	100(贷)
应收账款	500(借)	6.30	3 150(借)	3 100(借)	50(借)
应付账款	400(贷)	6.30	2 520(贷)	2 550(贷)	30(借)
短期借款	3 000(贷)	6.30	18 900(贷)	19 000(贷)	100(借)
合计					80(贷)

根据上述计算资料,企业应编制如下会计分录:

借:应收账款	50
应付账款	30
短期借款	100
贷:银行存款	100
财务费用	80

第一,根据外币账户期末的原币余额按期末市场汇率计算出折合的人民币余额。

第二,将折合的人民币余额与调整前的原账面人民币余额相比较,计算应调整的人民币余额的差额。

第三,根据应调整的人民币差额,确定发生的汇兑损益数额。

第四,编制会计分录,调整各外币账户的账面余额,并将由此产生的差额记入“财务费用”等科目。

7. 接受外币资本投资业务时如何进行会计核算?

投入外币资本业务,主要是指投入资本的折合,即当投入资本与原注册资本或记账本位币不一致时,需要按一定汇率将投入资本折合为注册资本或记账本位币。在折合时,对有关资产账户,按收到出资额当日的市场汇率折合。对“实收资本”账户,合同有约定汇率的,按合同约定汇率折合,合同汇率与市场汇率的差额,作为资本公积处理。合同没有约定汇率的,应分别不同情况按下列方法处理:

(1)登记注册的货币与记账本位币一致时,按收到出资时的市场汇率折合,借记“银行存款——美元”,贷记“实收资本”。

(2)登记注册的货币与记账本位币不一致时,按企业第一次收到出资时的市场汇率折合;如果投资人分期出资的,则各期出资均应按第一次收到出资时的市场汇率折合。由于有关资产账户与“实收资本”账户所采用的折合汇率不同而产生的记账本位币差额,作为“资本公积”处理。

案例 8-6

某企业收到美元投资，注册资本为 100 万美元，记账本位币为人民币。按合同规定合资双方出资比例为 1∶1，即中方出资 50 万美元，外方出资 50 万元美元。依合同约定，中方投资分两次进行，第一次出资 30 万美元，当日的市场汇率为 \$ 1 = ¥6.30，第二次出资 20 万美元，当日的市场汇率为 \$ 1 = ¥6.35，则：

第一次出资时的会计分录如下：

借：银行存款——美元　　（\$ 3 000 000 ×6.30）1 890 000

　贷：实收资本　　1 890 000

第二次出资时的会计分录为：

借：银行存款——美元　　（\$ 200 000 ×6.35）1 270 000

　贷：实收资本　　1 260 000

　　资本公积——资本折算差额　　（\$ 200 000 ×0.05）10 000

第九章　出纳税收知识

第一节　税收和税法的概念

1. 什么是税收？

税收是政府为了满足社会公共需要，凭借政治权力，强制、无偿地取得财政收入的一种形式。税收是国家取得财政收入的一种重要工具，因此其本质是一种分配关系；国家的依据是政治权力，这也是与按要素进行分配的差别之处；国家课征税款的目的是为了满足社会公共需要。

2. 什么是税法？

税法是国家制定的用以调整国家与纳税人之间在征纳税方面的权利及义务关系的法律规范的总称。税法构建了国家及纳税人依法征税、依法纳税的行为准则体系，其目的是保障国家利益和纳税人的合法权益，维护正常的税收秩序，保证国家的财政收入。税法体现为法律这一规范形式，是税收制度的核心内容。一国税收制度是在税收分配活动中税收征纳双方所应遵守的行为规范的总和。其内容主要包括各税种的法律法规以及为了保证这些税法得以实施的税收征管制度和税收管理体制。

3. 我国的税法主要有哪几种形式？

我国的立法体制：全国人民代表大会及其常务委员会行使立法权，制定法律；国务院及所属各部委，有权根据宪法和法律制定行政法规和规章；地方人民代表大会及其常务委员会，在不与宪法、法律、行政法规抵触的前提下，有权制定地方性法规，但要报全国人大常务委员会和国务院备案；民族自治地方的人大有权依照当地民族政治、经济和文化的特点，制定自治条例和单行条例。

我国税法体系由各有权机关根据国家立法体制规定所制定的一系列税收法律、法规、规章和规范性文件构成。税法有广义和狭义之分。广义上讲，税法包括所有调整税收关系的法律、法规、规章和规范性文件；狭义上讲，税法特指全国人民代表大会及其常务委员会制定和颁布的税收法律。

(1)全国人民代表大会和全国人大常委会制定的税收法律。

我国税收法律的立法权由全国人大及其常委会行使。除宪法外，在税法体系中，税收法律具有最高的法律效力，是其他有权机关制定税收法规、规章的法律依据，其他各级有权机关制定的税收法规、规章，都不得与《宪法》和税收法律相抵触。在现行税法中，税收法律有《企业所得税法》、《个人所得税法》、《车船税法》以及《税收征收管理法》。

(2)全国人大或人大常务委员会授权立法。

授权立法是指全国人民代表大会及其常务委员会根据需要授权国务院制定某些具有法律效力的暂行规定和条例。授权立法与制定行政法规不同。国务院经授权立法所制定的规定或条例等，具有国家法律的性质和地位，它的法律效力高于行政法规，在立法程序上还需报全国人大常务委员会备案。在现行税法中，授权立法的规定或条例有：《增值税暂行条例》、《消费税暂行条例》、《营业税暂行条例》、《城市维护建设税暂行条例》、《烟叶税暂行条例》、《进出口关税条例》、《资源税暂行条例》、《土地增值税暂行条例》、《房产税暂行条例》、《城镇土地使用税暂行条例》、《契税暂行条例》、《耕地占用税暂行条例》、《车船购置税暂行条例》以及《印花税暂行条例》。

(3)国务院制定的税收行政法规。

行政法规作为一种法律形式,在中国法律形式中低于宪法、法律,高于地方法规、部门规章,在全国范围内普遍使用。行政法规的立法目的在于保证宪法和法律的实施,行政法规不得与宪法、法律相抵触,否则无效。比如《企业所得税法实施条例》、《税收征收管理法实施细则》等都是税收行政法规。

(4)地方人民代表大会及其常务委员会制定的税收地方性法规。

我国省、自治区、直辖市的人民代表大会以及省、自治区的人民政府所在地的市和经国务院批准的较大的市的人民代表大会有制定地方性法规的权利。然而,地方权力机关制定税收地方法规不是无限制的,而是要严格按照税收法律的授权行事。目前,除了海南省、民族自治地区按照全国人大授权立法规定,在遵循宪法、法律和行政法规的原则基础上,可以制定有关税收的地方性法规外,其他省、市一般都无权自定税收地方性法规。

(5)国务院税务主管部门制定的税收部门规章。

有权制定税收部门规章的税务主管机关是财政部、国家税务总局及海关总署。其制定规章的范围包括对有关税收法律、法规的具体解释,税收征收管理的具体规定、办法等,税收部门规章在全国范围内具有普遍适用效力,但不得与税收法律、行政法规相抵触。例如,财政部颁发的《增值税暂行条例实施细则》、国家税务总局颁发的《税务代理实行办法》等都属于税收部门规章。

(6)地方政府制定的税收地方规章。

地方政府制定的税收规章必须在税收法律、法规明确授权的前提下进行,并且不得与税收法律、行政法规相抵触。没有税收法律、法规的授权,地方政府无权自定税收规章,凡越权自定的税收规章没有法律效力。例如,国务院发布实施的城市维护建设税、房产税等地方性税种暂行条例,都规定省、自治区、直辖市人民政府可根据条例制定实施细则。

第二节 我国现行主要税种

1.我国的税收主要有哪几个种类?

我国的税种按征税对象大致分为五类:

(1)商品和劳务税类。包括增值税、消费税、营业税和关税。主要在生产、流通或者服务业中发挥调节作用。

(2)所得税类。包括企业所得税、个人所得税。主要是在国民收入形成后,对生产经营者的利润和个人的纯收入发挥调节作用。

(3)财产和行为税类。包括房产税、车船税、印花税、契税。主要是对某些财产和行为发挥调节作用。

(4)资源税类。包括资源税、土地增值税和城镇土地使用税。主要是对因开发和利用自然资源而形成的级差收入发挥调节作用。

(5)特定目的税类。包括城市维护建设税、车船购置税、耕地占用税和烟叶税。主要是为了达到特定目的,对特定对象和特定行为发挥调节作用。

上述税种一共有17个,其中的关税由海关负责征收管理,其他税种由税务机关负责征收管理。耕地占用税和契税,1996年以前由财政机关的农税部门征收管理,1996年财政部农税管理机构划归国家税务总局领导,部分省份机构相应划转,这些税种就改由税务部门负责征收,但部分省份仍由财政机关负责征收。

现行税种中,除企业所得税、个人所得税、车船税是以国家法律的形式发布实施外,其他各税种都是经全国人民代表大会授权立法,由国务院以暂行条例的形式发布实施的。这些法律法规共同组成了我国的税收实体法体系。

2. 什么是增值税？该税种如何征收？

增值税是以商品（含应税劳务）在流转过程中产生的增值额作为计税依据而征收的一种税。

（1）征税范围。

现行增值税的征税范围包括在中华人民共和国境内销售货物或者提供加工、修理修配劳务以及进口货物，涵盖了生产、批发、零售和进口环节。

自2013年8月1日财税〔2013〕37号颁布实施，在全国范围内开展交通运输业和部分现代服务业的“营改增”试点之后，增值税征税范围增加了原属于营业税征税范围的应税服务，其中应税服务是指陆路运输服务、水路运输服务、航空运输服务、管道运输服务、研发和技术服务、信息技术服务、文化创意服务、物流辅助服务、有形动产租赁服务、鉴证咨询服务、广播影视服务。

（2）纳税义务人和扣缴义务人。

凡在中华人民共和国境内销售或者进口货物、提供应税劳务的单位和个人都是增值税纳税义务人。根据规模不同，纳税人分为一般纳税人和小规模纳税人。

中华人民共和国境外的单位或者个人在境内提供应税劳务，在境内未设有经营机构的，以其境内代理人为扣缴义务人；在境内没有代理人的，以购买方为扣缴义务人。

“营改增”试点之后，在中华人民共和国境内提供交通运输业和部分现代服务业服务的单位和个人，为增值税纳税人。纳税人提供应税服务，应当依法缴纳增值税，不再缴纳营业税。

（3）小规模纳税人和一般纳税人的认定。

小规模纳税人的认定标准为：

①从事货物生产或者提供应税劳务的纳税人，以及以从事货物生产或者提供应税劳务为主的，并兼营货物批发或者零售的纳税人，年应征增值税

销售额在50万元以下。

②对上述规定以外的纳税人，年应税销售额在80万元以下。

一般纳税人的认定除了年应征增值税销售额超过小规模纳税人标准外，还需同时符合以下两个条件：有固定的生产经营场所；能够按照国家统一的会计制度规定设置账簿，根据合法、有效凭证核算，能够准确提供税务资料。

"营改增"试点范围内的纳税人，应税服务年销售额标准超过500万元（含本数）的，应申请一般纳税人资格认定，低于此标准的为小规模纳税人。

(4)税率。

由于增值税纳税人包括一般纳税人和小规模纳税人，因此，对两类纳税人采用了不同的税率。

增值税一般纳税人销售或者进口货物，提供加工、修理修配劳务，除低税率适用范围和销售个别旧货适用低税率外，税率一律为17%，也即基本税率。对出口产品实行零税率。为照顾一些特殊行业或产品，对增值税一般纳税人还制定了一档13%的低税率，适用范围为增值税一般纳税人销售或者进口下列货物：

①粮食、食用植物油、鲜奶；

②自来水、暖气、冷气、热气、煤气、石油液化气、天然气、沼气、居民用煤炭制品；

③图书、报纸、杂志；

④饲料、化肥、农药、农机、农膜；

⑤国务院及其有关部门规定的其他货物：农产品、音像制品、电子出版物、二甲醚等。

"营改增"试点范围内各应税服务的增值税税率依次为：提供有形动产租赁服务，税率为17%；提供交通运输业服务，税率为11%；提供现代服务业服务（有形动产租赁服务除外），税率为6%；财政部和国家税务总局规定的应税服务，税率为零。

增值税小规模纳税人实行简易征收办法，适用的税率也称为征收率。小规模纳税人的征收率从2009年1月1日起，一律为3%。

(5)应纳税额的计算。

①一般纳税人应纳税额的计算。

应纳税额 = 当期销项税额 - 当期进项税额

销项税额是指纳税人销售货物或者提供应税劳务，按照销售额或提供应税劳务收入和规定的税率计算并向购买方收取的增值税税额。销项税额的计算公式为：

销项税额 = 销售额 × 适用税率

进项税额是指纳税人购进货物或者接受应税劳务支付或者负担的增值税额。允许从销项税额中抵扣的进项税额包括以下五类：

a.从销售方或者提供方取得的增值税专用发票(含货物运输业增值税专用发票、税控机动车销售统一发票，下同)上注明的增值税额。

b.从海关取得的海关进口增值税专用缴款书上注明的增值税额。

c.购进农产品，除取得增值税专用发票或者海关进口增值税专用缴款书外，按照农产品收购发票或者销售发票上注明的农产品买价和13%的扣除率计算的进项税额。计算公式为：

进项税额 = 买价 × 扣除率

买价，是指纳税人购进农产品在农产品收购发票或者销售发票上注明的价款和按照规定缴纳的烟叶税。

d.接受铁路运输服务，按照铁路运输费用结算单据上注明的运输费用金额和7%的扣除率计算的进项税额。进项税额计算公式：

进项税额 = 运输费用金额 × 扣除率

运输费用金额，是指铁路运输费用结算单据上注明的运输费用(包括铁路临管线及铁路专线运输费用)、建设基金，不包括装卸费、保险费等其他杂费。

e.接受境外单位或者个人提供的应税服务，从税务机关或者境内代理人取得的解缴税款的中华人民共和国税收缴款凭证上注明的增值税额。

②小规模纳税人应纳税额的计算。

应纳税额＝不含税销售额×征收率

不含税销售额＝含税销售额÷(1＋征收率)

(6)税收优惠。

下列项目免征增值税：

①农业生产者销售的自产农产品；

②避孕药品和用具；

③古旧图书；

④直接用于科学研究、科学试验和教学的进口仪器、设备；

⑤外国政府、国际组织无偿援助的进口物资和设备；

⑥由残疾人的组织直接进口供残疾人专用的物品；

⑦销售的自己使用过的物品。

除前款规定外，增值税的免税、减税项目由国务院规定。任何地区、部门均不得规定免税、减税项目。

(7)税收征管。

增值税纳税地点：

①固定业户应当向其机构所在地的主管税务机关申报纳税。

②固定业户到外县(市)销售货物或者应税劳务，应当向其机构所在地的主管税务机关申请开具外出经营活动税收管理证明，并向其机构所在地的主管税务机关申报纳税；未开具证明的，应当向销售地或者劳务发生地的主管税务机关申报纳税；未向销售地或者劳务发生地的主管税务机关申报纳税的，由其机构所在地的主管税务机关补征税款。

③非固定业户销售货物或者应税劳务，应当向销售地或者劳务发生地的主管税务机关申报纳税；未向销售地或者劳务发生地的主管税务机关申报纳税的，由其机构所在地或者居住地的主管税务机关补征税款。

④进口货物，应当向报关地海关申报纳税。

扣缴义务人应当向其机构所在地或者居住地的主管税务机关申报缴纳其扣缴的税款。

增值税纳税期限：

增值税的纳税期限分别为1日、3日、5日、10日、15日、1个月或者1个季度。纳税人的具体纳税期限由主管税务机关根据纳税人应纳税额的大小分别核定；不能按照固定期限纳税的，可以按次纳税。

纳税人以1个月或者1个季度为1个纳税期的，自期满之日起15日内申报纳税；以1日、3日、5日、10日或者15日为1个纳税期的，自期满之日起5日内预缴税款，于次月1日起15日内申报纳税并结清上月应纳税款。

扣缴义务人解缴税款的期限，依照前两款规定执行。

纳税人进口货物，应当自海关填发海关进口增值税专用缴款书之日起15日内缴纳税款。

3. 什么是消费税？该税种如何缴纳？

消费税是指对消费品和特定的消费行为按消费流转额征收的一种商品税。

(1)征税范围。

现行消费税的征收范围主要包括：烟，酒及酒精，鞭炮，焰火，化妆品，成品油，贵重首饰及珠宝玉石，高尔夫球及球具，高档手表，游艇，木制一次性筷子，实木地板，汽车轮胎，摩托车，小汽车等税目，有的税目还进一步划分若干子目。

(2)纳税义务人。

消费税的纳税人是我国境内生产、委托加工、零售和进口《中华人民共国消费税暂行条例》规定的应税消费品的单位和个人。

(3)消费税税目和税率。

消费税的税目税率见表9-1。

表 9-1　　消费税税目税率表

税　目	税　率
一、烟	
1. 卷烟	
(1)甲类卷烟	56%加 0.003 元/支(生产环节)
(2)乙类卷烟	36%加 0.003 元/支(生产环节)
(3)批发环节	5%
2. 雪茄烟	36%
3. 烟丝	30%
二、酒及酒精	
1. 白酒	20%加 0.5 元/500 克(或者 500 毫升)
2. 黄酒	240 元/吨
3. 啤酒	
(1)甲类啤酒	250 元/吨
(2)乙类啤酒	220 元/吨
4. 其他酒	10%
5. 酒精	5%
三、化妆品	30%
四、贵重首饰及珠宝玉石	
1. 金银首饰、铂金首饰和钻石及钻石饰品	5%
2. 其他贵重首饰和珠宝玉石	10%
五、鞭炮、焰火	15%
六、成品油	
1. 汽油	
(1)含铅汽油	1.40 元/升
(2)无铅汽油	1.00 元/升
2. 柴油	0.80 元/升
3. 航空煤油	0.80 元/升
4. 石脑油	1.00 元/升
5. 溶剂油	1.00 元/升
6. 润滑油	1.00 元/升
7. 燃料油	0.80 元/升
七、汽车轮胎	3%
八、摩托车	
1. 气缸容量(排气量,下同)在 250 毫升(含 250 毫升)以下的	3%
2. 气缸容量在 250 毫升以上的	10%

续表

税 目	税 率
九、小汽车	
1. 乘用车	
(1)气缸容量(排气量,下同)在1.0升(含1.0升)以下的	1%
(2)气缸容量在1.0升以上至1.5升(含1.5升)的	3%
(3)气缸容量在1.5升以上至2.0升(含2.0升)的	5%
(4)气缸容量在2.0升以上至2.5升(含2.5升)的	9%
(5)气缸容量在2.5升以上至3.0升(含3.0升)的	12%
(6)气缸容量在3.0升以上至4.0升(含4.0升)的	25%
(7)气缸容量在4.0升以上的	40%
2. 中轻型商用客车	5%
十、高尔夫球及球具	10%
十一、高档手表	20%
十二、游艇	10%
十三、木制一次性筷子	5%
十四、实木地板	5%

(4)应纳税额的计算。

消费税的计税依据分别采用从价、从量和从价从量复合计征三种计税方法,因此,应纳税额的计算也所有不同。

①从价计税时:

应纳税额 = 应税消费品销售额 × 适用税率

②从量计税时:

应纳税额 = 应税消费品销售数量 × 适用税额标准

③复合计征时:

$$\text{应纳税额} = \text{应税消费品销售额} \times \text{适用税率} + \text{应税消费品销售数量} \times \text{适用税额标准}$$

(5)征收管理。

①消费税纳税义务发生时间:

除委托加工纳税义务发生时间是消费税的特有规定之外,消费税的纳税义务发生时间与增值税基本一致。

②消费税纳税地点：

纳税人销售的应税消费品，以及自产自用的应税消费品，除国务院另有规定外，应当向纳税人核算地主管税务机关申报纳税。

委托加工的应税消费品，除委托个人加工以外，由受托方向所在地主管税务机关代收代缴消费税税款。委托个人加工的应税消费品，由委托方向其机构所在地或者居住地主管税务机关申报纳税。

进口的应税消费品，由进口人或者其代理人向报关地海关申报纳税。

纳税人到外县（市）销售或者委托外县（市）代销自产应税消费品的，于应税消费品销售后，向机构所在地或者居住地主管税务机关申报纳税。

纳税人的总机构与分支机构不在同一县（市）的，应当分别向各自机构所在地的主管税务机关申报纳税（卷烟批发除外）；经财政部、国家税务总局或者其授权的财政、税务机关批准，可以由总机构汇总向总机构所在地的主管税务机关申报纳税。

4. 什么是营业税？如何缴纳营业税？

营业税是以在我国境内提供应税劳务、转让无形资产或销售不动产所取得的营业额为课税对象而征收的一种商品劳务税。

（1）征税范围。

在中华人民共和国境内有偿提供应税劳务、转让无形资产、销售不动产的行为。“营改增”后应税劳务是指属于建筑业、金融保险业、邮电通讯业、文化体育业、娱乐业、服务业（部分现代服务业除外）税目征收范围的劳务。

部分现代服务业，是指围绕制造业、文化产业、现代物流产业等提供技术性、知识性服务的业务活动。包括研发和技术服务、信息技术服务、文化创意服务、物流辅助服务、有形动产租赁服务、鉴证咨询服务。

（2）纳税义务人和扣缴义务人。

在中华人民共和国境内提供应税劳务、转让无形资产或者销售不动产的单位和个人是营业税的纳税义务人。

营业税的扣缴义务人主要有以下两种情形：

①境外的单位或个人在境内提供应税劳务、转让无形资产或者销售不动产，在境内未设有经营机构的，以其境内代理人为扣缴义务人；在境内没有代理人的，以受让方或者购买方为扣缴义务人。

②国务院财政、税务主管部门规定的其他扣缴义务人。

(3)营业税税目和税率。

营业税的税目税率见表9-2。

表9-2　营业税税目税率表

序号	税目	税率(%)
1	建筑业	3
2	金融保险业	5
3	邮电通信业	3
4	文化体育业	3
5	娱乐业	5~20
6	服务业(部分现代服务业除外)	5
7	转让无形资产	5
8	销售不动产	5

(4)应纳税额的计算。

营业税的计税依据是提供应税劳务的营业额、转让无形资产的转让额或销售不动产的销售额。

营业税应纳税额=营业额×适用税率

(5)征收管理。

营业税纳税义务发生时间：①纳税人提供应税劳务、转让无形资产或者销售不动产并收讫营业收入款项或者取得索取营业收入款项凭据的当天。国务院财政、税务主管部门另有规定的，从其规定。②营业税扣缴义务发生时间为纳税人营业税纳税义务发生的当天。

营业税纳税地点：①纳税人提供应税劳务应当向其机构所在地或者居住地的主管税务机关申报纳税。但是，纳税人提供的建筑业劳务以及国务院财政、税务主管部门规定的其他应税劳务，应当向应税劳务发生地的主管税务机关申报纳税。②纳税人转让无形资产应当向其机构所在地或者居住地的主管税务机关申报纳税。但是，纳税人转让、出租土地使用权，应当向土地所在地的主管税务机关申报纳税。③纳税人销售、出租不动产应当向不动产所在地的主管税务机关申报纳税。④扣缴义务人应当向其机构所在地或者居住地的主管税务机关申报缴纳其扣缴的税款。

营业税纳税期限：营业税的纳税期限分别为5日、10日、15日、1个月或者1个季度。纳税人的具体纳税期限，由主管税务机关根据纳税人应纳税额的大小分别核定；不能按照固定期限纳税的，可以按次纳税。

营业税纳税申报期限：纳税人以1个月或者1个季度为一个纳税期的，自期满之日起15日内申报纳税；以5日、10日或者15日为一个纳税期的，自期满之日起5日内预缴税款，于次月1日起15日内申报纳税并结清上月应纳税款。

扣缴义务人解缴税款的期限，依照前两款的规定执行。

5. 什么是企业所得税？如何计算缴纳企业所得税？

企业所得税是对在我国境内的企业和其他取得收入的组织所取得的生产经营所得和其他所得所征收的一种税。

(1)征税范围。

企业所得税的征税对象是纳税人取得的所得。包括销售货物所得、提供劳务所得、转让财产所得、股息红利所得、利息所得、租金所得、特许权使用费所得、接受捐赠所得和其他所得。

居民企业应当就其来源于中国境内、境外的所得缴纳企业所得税。

(2)纳税义务人。

所有实行独立经济核算的中华人民共和国境内的内资企业或其他组织均是企业所得税的纳税义务人，包括6类：①国有企业；②集体企业；③私营企业；④联营企业；⑤股份制企业；⑥有生产经营所得和其他所得的其他组织。

特别需要说明的是，个人独资企业、合伙企业不征收企业所得税，缴纳个人所得税。

(3)税率。

企业所得税的法定税率为25%，国家需要重点扶持的高新技术企业为15%，小型微利企业为20%，非居民企业为20%。

(4)应纳税额的计算。

企业所得税条例规定，企业应纳税所得额的确定，是企业的收入总额减去成本、费用、损失以及准予扣除项目的金额。成本是纳税人为生产、经营商品和提供劳务等所发生的各项直接耗费和各项间接费用。费用是指纳税人为生产经营商品和提供劳务等所发生的销售费用、管理费用和财务费用。损失是指纳税人生产经营过程中的各项营业外支出、经营亏损和投资损失等。除此以外，在计算企业应纳税所得额时，对纳税人的财务会计处理和税收规定不一致的，应按照税收规定予以调整。因此，企业所得税应纳税额的计算如下：

企业应纳所得税额 = 当期应纳税所得额 × 适用税率

应纳税所得额 = 收入总额 − 准予扣除项目金额

(5)征收管理。

纳税年度：从公历1月1日起至12月31日止。纳税人在一个纳税年度中间开业，或者由于合并、关闭等原因，使该纳税年度的实际经营期不足12个月的，应当以其实际经营期为一个纳税年度；纳税人清算时，应当以清算期间为一个纳税年度。

纳税申报：企业所得税分月或者分季预缴。

企业应当自月份或者季度终了之日起十五日内，无论盈利或亏损，都应向税务机关报送预缴企业所得税纳税申报表，预缴税款。

企业应当自年度终了之日起五个月内，向税务机关报送年度企业所得税纳税申报表，并汇算清缴，结清应缴应退税款。

纳税人在规定的申报期申报确有困难的，可报经主管税务机关批准，延期申报。

缴纳方式：企业所得税按年计算，但为了保证税款及时、均衡入库，对企业所得税采取分期(按月或季)预缴、年终汇算清缴的办法。纳税人预缴所得税时,应当按纳税期限的实际数预缴,按实际数预缴有困难的,可以按上一年度应纳税所得额的1/12或1/4,或者经当地税务机关认可的其他方法分期预缴所得税。预缴方法一经确定,不得随意改变。

纳税期限:按月份或季度预缴税款的纳税人,应在月份或季度终了后15日内向主管税务机关进行纳税申报并预缴税款。其中,第四季度的税款也应于季度终了后15日内先进行预缴,然后在年度终了后45日内进行年度申报,税务机关在5个月内进行汇算清缴,多退少补。

纳税地点:除国家另有规定者外,企业所得税由纳税人在其所在地主管税务机关就地缴纳。所谓"所在地"是指纳税人的实际经营管理所在地。

6. 什么是个人所得税? 如何缴纳个人所得税?

个人所得税是对个人(自然人)取得的各项所得征收的一种所得税。

(1)征税范围。

个人所得税的征税范围主要包括11项内容:①工资、薪金所得;②个体工商户的生产、经营所得;③对企事业单位的承包经营、承租经营所得;④劳务报酬所得;⑤稿酬所得;⑥特许权使用费所得;⑦利息、股息、红利所得;⑧财产租赁所得;⑨财产转让所得;⑩偶然所得;⑪其他所得。

(2)纳税义务人。

个人所得税的纳税义务人,是在中国境内居住有所得的人,以及不在中国境内居住而从中国境内取得所得的个人,包括中国国内公民,在华取得所得的外籍人员和港、澳、台同胞。

纳税义务人按纳税义务分为居民纳税义务人和非居民纳税义务人。居民纳税义务人负有完全纳税的义务,必须就其来源于中国境内、境外的全部所得缴纳个人所得税;而非居民纳税义务人仅就其来源于中国境内的所得,缴纳个人所得税。居民纳税义务人是指在中国境内有住所,或者无住所而在境内居住满1年的个人;非居民纳税义务人是指在中国境内无住所又不居住或者无住所而在境内居住不满一年的个人。

(3)税率和应纳税额的计算。

①工资、薪金所得:

工资、薪金所得的税率见表9-3。

表9-3　　工资、薪金所得税率表

全月应纳税所得额	税率	速算扣除数(元)
全月应纳税额不超过1 500元	3%	0
全月应纳税额超过1 500元至4 500元	10%	105
全月应纳税额超过4 500元至9 000元	20%	555
全月应纳税额超过9 000元至35 000元	25%	1 005
全月应纳税额超过35 000元至55 000元	30%	2 755
全月应纳税额超过55 000元至80 000元	35%	5 505
全月应纳税额超过80 000元	45%	13 505

应纳税所得额 = 扣除三险一金后月收入 − 扣除标准(扣除标准从2011年9月1日开始调整为3 500元/月)

应纳个人所得税税额 = 应纳税所得额 × 适用税率 − 速算扣除数

②个体工商户生产、经营所得和企事业单位承包经营、承租经营所得:

个体工商户生产、经营所得和企事业单位承包经营、承租经营所得的税率见表9-4。

表9-4　　个体工商户的生产、经营所得和对企事业单位的承包经营、承租经营所得适用税率表

级数	含税级距	不含税级距	税率(%)	速算扣除数
1	不超过15 000元的部分	不超过14 250元的	5	0
2	超过15 000元到30 000元的部分	超过14 250元至27 750元的部分	10	750
3	超过30 000元至60 000元的部分	超过27 750元至51 750元的部分	20	3 750
4	超过60 000元至100 000元的部分	超过51 750元至79 750元的部分	30	9 750
5	超过100 000元的部分	超过79 750元的部分	35	14 750

应纳税所得额 = [全年收入总额 − 税法允许扣除的成本、费用和损

失(或必要费用)] ×适用税率 - 速算扣除数

③劳动报酬所得,稿酬所得,特许权使用费所得,利息、股息、红利所得,财产转让所得,财产租赁所得,偶然所得和其他所得:

劳动报酬所得,稿酬所得,特许权使用费所得,利息、股息、红利所得,财产转让所得,财产租赁所得,偶然所得和其他所得均适用 20% 的比例税率,但是对于稿酬所得,按应纳税额减征 30%,其实际税率为 14%;对劳动报酬所得,实行加成征收,即个人取得劳务报酬收入的应纳税所得额一次超过 20 000 ~ 50 000 元的部分,按应纳税额加征 5 成;超过 50 000 元的部分,加征 10 成,因此,劳务报酬的实际税率如表 9-5 所示。

表 9-5　　劳动报酬实际税率表

级数	每次应纳税所得额	税率(%)	速算扣除数
1	不超过 20 000 元的	20	0
2	超过 20 000 元至 50 000 元的部分	30	2 000
3	超过 50 000 元的部分	40	7 000

劳动报酬所得应纳税所得额的计算公式为:

a. 每次收入不足 4 000 元的:

应纳税额 = (每次收入额 - 800) ×20%

b. 每次收入在 4 000 元以上的:

应纳税额 = 每次收入额 ×(1 - 20%) ×20%

c. 每次收入的应纳税所得额超过 20 000 元的:

应纳税额 = 每次收入额 ×(1 - 20%) ×适用税率 - 速算扣除数

稿酬所得应纳税额的计算公式为:

a. 每次收入不足 4 000 元的:

应纳税额 = (每次收入额 - 800) ×20% ×(1 - 30%)

b. 每次收入在 4 000 元以上的:

应纳税额 = 每次收入额 ×(1 - 20%) ×20% ×(1 - 30%)

特许权使用费所得应纳税额的计算公式为:

a. 每次收入不足 4 000 元的:

应纳税额 = (每次收入额 - 800) × 20%

b. 每次收入在4 000元以上的：

应纳税额 = 每次收入额 × (1 - 20%) × 20%

利息、股息、红利所得，偶然所得和其他所得应纳税额的计算公式为：

应纳税额 = 应纳税所得额 × 适用税率 = 每次收入额 × 20%

财产转让所得应纳税额的计算公式为：

应纳税额 = 应纳税所得额 × 适用税率 = (收入总额 - 财产原值 - 合理税费) × 20%

财产租赁所得应纳税额的计算公式为：

a. 每次(月)收入不超过4 000元的：

$$\text{应纳税所得额} = \text{每次(月)收入额} - \text{准予扣除项目} - \text{修缮费用(800元为限)} - 800\text{元}$$

b. 每次(月)收入超过4 000元的：

$$\text{应纳税所得额} = \left[\text{每次(月)收入额} - \text{准予扣除项目} - \text{修缮费用(800元为限)}\right] \times (1 - 20\%)$$

(4)征收管理。

我国个人所得税的征收方式实行源泉扣缴与自行申报并用法。个人年所得超过12万元，在两处以上取得工资、薪金所得或者没有扣缴义务人的，以及具有国务院规定的其他情形的，纳税义务人应当按照国家规定办理纳税申报。

个人所得税的征收方式可分为按月计征和按年计征。个体工商户的生产、经营所得，对企业事业单位的承包经营、承租经营所得，特定行业的工资、薪金所得，从中国境外取得的所得，实行按年计征应纳税额，其他所得应纳税额实行按月计征。特定行业的工资、薪金所得应纳的税款，可以实行按年计算、分月预缴的方式计征，具体办法由国务院规定。

扣缴义务人每月所扣的税款，自行申报纳税人每月应纳的税款，都应当在次月十五日内缴入国库，并向税务机关报送纳税申报表。

个体工商户的生产、经营所得应纳的税款，按年计算，分月预缴，由纳税义务人在次月十五日内预缴，年度终了后三个月内汇算清缴，多退少补。

对企事业单位的承包经营、承租经营所得应纳的税款，按年计算，由纳税义务人在年度终了后三十日内缴入国库，并向税务机关报送纳税申报表。纳税义务人在一年内分次取得承包经营、承租经营所得的，应当在取得每次所得后的七日内预缴，年度终了后三个月内汇算清缴，多退少补。

从中国境外取得所得的纳税义务人，应当在年度终了后三十日内，将应纳的税款缴入国库，并向税务机关报送纳税申报表。

第三节　我国税收征管

1. 什么是税务登记？如何办理税务登记？

税务登记包括开业登记，变更登记，停业、复业登记、注销登记、外出经营报验登记、纳税人税种登记和扣缴义务人扣缴税款登记。

开业登记是指纳税人依法成立并经工商行政管理机关登记后，为确认其纳税人的身份，纳入国家税务管理体系而到税务机关进行的登记。

变更税务登记是指纳税人办理设立税务登记后，因登记内容发生变化，需要对原有登记内容进行更改，而向主管税务机关申请办理的税务登记。变更税务登记的主要目的在于及时掌握纳税人的生产经营情况，减少税款的流失。

停业登记是指从事生产经营的纳税人，经确定实行定期定额征收方式的，其在营业执照核准的经营期限内需要停业的，应当在停业前向税务机关申报办理停业登记；停业期限不得超过一年。复业登记是指纳税人应当于恢复生产经营之前，向税务机关申报办理复业登记。

注销税务登记是指纳税人由于法定的原因终止纳税义务时，向原税务机关申请办理的取消税务登记的手续。办理注销税务登记后，该当事人不再接受原税务机关的管理。

外出经营报验登记是从事生产、经营的纳税人到外县(市)临时生产、经营活动的,需要办理的税务登记。

纳税人税种登记是已登记的各类企业、事业单位和建账的个体户并申报征收的纳税户向税务局就应纳税种的相关情况进行申报。

扣缴义务人扣缴税款登记是已办理税务登记的扣缴义务人在扣缴义务发生后向税务登记地税务机关申报办理的有关税款扣缴情况。

2. 如何进行发票的开具与管理?

(1)发票的种类。

目前发票主要包括三类:增值税专用发票,普通发票和专用发票。发票的基本联次为三联,第一联为存根联,第二联为发票联,第三联为记账联。增值税专用发票还包括抵扣联。

增值税专用发票是指专门用于结算销售货物和提供加工、修理修配劳务使用的一种发票。

普通发票主要由营业税纳税人和增值税小规模纳税人使用。

专业发票是指国有金融、保险企业的存贷、汇兑、转账凭证、保险凭证;国有邮政、电信企业的邮票、邮单、话务、电报收据;国有铁路、国有航空企业和交通部门、国有公路、水上运输企业的客票、货票等。

(2)发票的开具要求。

①普通发票的开具规定:

a. 在销售商品、提供服务以及从事其他经营活动对外收取款项时,应向付款方开具发票。特殊情况下,由付款方向收款方开具发票。

b. 开具发票应当按照规定的时限、顺序、逐栏、全部联次一次性如实开具,并加盖单位发票专用章。

c. 使用计算机开具发票,须经国税机关批准,并使用国税机关统一监制的机外发票,并要求开具后的存根联按顺序号装订成册。

d. 发票限于领购的单位和个人在本市、县范围内使用,跨出市县范围的,应当使用经营地的发票。

e.开具发票单位和个人的税务登记内容发生变化时，应相应办理发票和发票领购簿的变更手续；注销税务登记前，应当缴销发票领购簿和发票。

f.所有单位和从事生产、经营的个人，在购买商品、接受服务，以及从事其他经营活动支付款项时，向收款方取得发票，不得要求变更品名和金额。

g.对不符合规定的发票，不得作为报销凭证，任何单位和个人有权拒收。

h.发票应在有效期内使用，过期应当作废。

②增值税专用发票的开具规定。

纳税人有下列行为不得开具增值税专用发票：

a.向消费者个人销售货物或者应税劳务的；

b.销售货物或者应税劳务适用免税规定的；

c.小规模纳税人销售货物或者应税劳务的；

d.销售报关出口的货物；

e.在境外销售应税劳务；

f.将货物用于非应税项目；

g.将货物用于集体福利和个人福利；

h.将货物无偿赠送他人；

i.提供非应税劳务转让无形资产或销售不动产。

此外，向小规模纳税人销售应税项目可以不开具专用发票。

3.什么是纳税申报？如何办理纳税申报？

纳税申报是指纳税人、扣缴义务人按照法律、行政法规的规定，在申报期限内就纳税事项向税务机关书面申报的一种法定手续。纳税申报的方式有以下五种：

(1)直接申报。

直接申报是指纳税人、扣缴义务人按照规定的期限自行直接到主管税务机关(办税大厅)办理纳税申报手续。这是目前最主要的纳税申报方式。

(2)邮寄申报。

邮寄申报是指经税务机关批准，纳税人、扣缴义务人使用统一规定的纳税申报特快专递专用信封，通过邮政部门办理交寄手续，并向邮政部门索取收据作为申报凭据的方式。

(3)数据电文申报。

数据电文申报是指以税务机关确定的电话语音、电子数据交换和网络传输等电子方式进行纳税申报。

(4)简易申报。

简易申报是指纳税人按照税务机关核定的税款按期缴纳入库，以完税凭证代替纳税申报，从而简化纳税人纳税申报的一种方式。

(5)其他方式。

实行定期定额缴纳税款的纳税人可以简并征期等申报纳税方式。所谓简并征期是将实行定期定额征收方式的个体工商户(或个人独资企业)若干纳税期的应纳税额集中在一个纳税期限内缴纳。

4. 什么是税款征收？如何办理税款征收？

税款征收是税务机关依照税收法律、法规的规定将纳税人应当缴纳的税款组织入库的一系列活动的总称。税款征收的方式包括以下八类：

(1)查账征收。

查账征收是指税务机关对财务健全的纳税人，依据其报送的纳税申报表、财务会计报表和其他有关纳税资料，计算应纳税额，填写缴款书或完税证。

(2)查定征收。

查定征收是指税务机关根据纳税人的从业人员、生产设备、原材料耗用情况等因素，查实核定其在正常生产经营条件下应税产品的数量、销售额，并据以征收税款的一种方式。

(3)查验征收。

查验征收是税务机关对某些难以进行源泉控制的征收对象，通过查验证、照和实物，据以征税而采取的一种征收方式。这种征收方式适用于经营品种比较单一、经营地点、时间和商品来源不固定的纳税人。

(4)定期定额征收。

定期定额征收是由税务机关对纳税人一定经营时间内的应纳税收入或所得额和应纳税额进行核定,分期征收税款的一种征收方式。

(5)代扣代缴。

代扣代缴是指按照税法规定,负有扣缴税款义务的单位和个人,负责对纳税人应纳的税款进行代扣代缴的一种方式。

(6)代收代缴。

代收代缴是指按照税法规定,负有收缴税款义务的单位和个人,负责对纳税人应纳的税款进行代收代缴的一种方式。

(7)委托代征。

委托代征是指受托单位按照税务机关核发的代征证书的要求,以税务机关的名义向纳税人征收一些零散税款的一种税款征收方式。

(8)其他方式。

除上述之外,还有自核自缴等方式。自核自缴是指纳税人按照税务机关的要求,在规定的缴款期限内,根据其财务会计情况,依照税法规定,自行计算税款,自行填写纳税缴款书,自行向开户银行缴纳税款,税务机关对纳税单位进行定期或不定期检查的一种税款征收方式。

5. 什么是税收检查?

税收检查是指税务机关依照税收法律、行政法规的规定对纳税人、扣缴义务人履行纳税义务和扣缴义务情况进行的检查和处理工作的总称。

6. 什么是税收保全措施?

(1)适用税收保全的情形及措施。

税务机关责令具有税法规定情形的纳税人提供纳税担保而纳税人拒绝提供纳税担保或无力提供纳税担保的,经县级以上税务局局长批准,税务机关可以采取下列税收保全措施:

①书面通知纳税人开户银行或其他金融机构冻结纳税人的相当于应纳

税款金额的存款；

②扣押、查封纳税人的价值相当于应纳税款的商品、货物或其他财产。

(2)不适用税收保全的财产。

个人及所抚养家属维持生活的必需住房和用品。

7.什么是税收强制执行?

从事生产、经营的纳税人、扣缴义务人未按照规定的期限缴纳或解缴税款，纳税代表人未按照规定的期限缴纳所担保的税款，由税务机关责令限期缴纳，逾期仍未缴纳的，经县以上税务局局长批准，税务机关可以采取下列强制执行措施：

(1)书面通知其开户银行或其他金融机构从其存款中扣缴税款；

(2)扣押、查封、依法拍卖或变卖价值相当于应纳税款的商品、货物或其他财产，以拍卖、变卖所得抵缴税款。

强制执行时，未缴纳的滞纳金同时强制执行。个人及所抚养家属维持生活的必需住房和用品，不在强制执行措施的范围之内。税务机关对单价5 000元以下的其他生活用品，不采取强制执行措施。

8.税务违法有哪些处罚方式?

税务违法行政处罚是指税收法律关系主体违反了税收行政管理法律、法规，尚不构成税收刑事法律责任。按照处罚形式，它可分为行政处罚和行政处分。

对纳税主体而言，其行政法律责任形式主要是行政处罚，主要有以下五种形式：①责令限期改正；②罚款；③没收财产；④收缴未用发票和暂停供应发票；⑤停止出口退税。

税务违法刑事处罚是指税收法律关系主体违反税收法律规定，情节严重构成犯罪所应承担的法律责任。

刑罚分主刑和附加刑。主刑有管制、拘役、有期徒刑、无期徒刑和死刑五种；附加刑有罚金、剥夺政治权利和没收财产。

第十章　日常纠错业务

第一节　认识错款和失款

1. 如何理解错款和失款?

(1)错款。

错款,是指当日终了或经过一段时间,库存现金的实存数和账存数的差额。如果现金实存数多于账上结存数,就叫"长款";反之,则称"短款"。这些长、短款大都是由于工作造成的差错,因此应及时查清原因,正确处理。

(2)失款。

失款,是指办完收付款后,发现现金实存数少于现金账存数的差额。失款一般属于人为损失或自然损失的款项。

出现差错后,出纳要积极采取有效措施,查明原因,以挽回或减少损失。

2. 收、付款差错是怎样产生的?

(1)收款中造成差错的原因有以下几点:

①一笔款未收完,又接着收第二笔,搞乱缴款者的款项。

②收款清点完毕,对券别加总时不认真复核,以致发生加错金额、看错券别、看错大数、点错尾数等情况。

③桌子上的现金还没有收拾干净又收第二笔,或收入现金的抽屉里的

分格箱没有放好丢在桌面上，把自己的款与他人的款混淆在一起，误作长款退给了他人。

④初点不符，复点相符，不再进行第三次核实，实际有误，却作无误收下。

⑤缴款者交来的现金零乱，只以出纳人员初次清查计算的数目为准。

⑥忘记将应找补的现金还给缴款者。

⑦清点10张或20张的折叠钞票、只点平版的9张或19张，忽视了折起来的那张。

⑧用手工清点现金时贪快，有夹杂其中的不同票面额的票币未能发现。

⑥用机器点完一把钞票，拿起来捆扎时，没有看清接钞台上是否仍留有人民币，或人民币被卷入输送带未发现，以致产生一把多、一把少的现象。

(2)付款中造成的差错。

①备用金的放置不定位，配款时取错券别，既不细看又不复核，随手付出，或者将凭证连同款项一起交给了收款人。

②小沓折叠钞票，每沓不固定，有时10张一沓，有时20张一沓，付出时不复点核对。

③未看清凭证上所列的付款金额数，粗心大意，随手付出。

④贪图方便，付款时不用算盘加计券别，单靠心算，以致出错。

3. 如何处理错款和失款？

出纳一旦在工作中发生错款或失款，不论是责任事故还是意外事故，亦或是客观原因或自身原因导致的，都应立即向主管会计人员报告，如实反映情况，切勿因怕受牵连、受嫌疑或因工作有缺点而隐瞒、掩饰真相，甚至私下制造假象以图推卸责任。

在实际工作中，一旦发生现金差错，出纳要积极采取措施，仔细查找，以挽回损失，更正错误。对确实无法挽回的损失，要在弄清情况的基础上，正确处理，具体的处理要求和方法为：

(1)属于技术性的错误和一般责任事故的错误，经过及时查找，确实无法找回时,按规定的审批手续处理。技术性错误是指在坚持财经制度的前提下,由于书写、计算、清点或机器故障等原因造成的错误。

(2)属于对工作不负责任、有章不循、违反纪律而造成的错款、失款,应追究失职人员的经济责任,视情节轻重和损失程度的大小,赔偿全部或部分损失,有的还要给予行政处分。

(3)属于有关人员监守自盗款项,侵吞长款、挪用公款的,应按贪污案件处理。

(4)如发生火灾、水灾等自然灾害,应及时报请领导查看现场,将灾害发生的时间、地点、造成的损失等书面上报。

(5)由于不明原因,正在继续调查,一时难以处理的,应由责任人填具出纳错款失款审批报告表,经会计主管人员签署意见,单位领导批准后,列入有关账户挂账处理,但仍需继续清查,不能草率从事。

(6)各单位发生长短款时,都应在出纳账上进行记录。原因未明的,先记入"其他应付款——现金长款"或"其他应收款——现金短款"账户,已查明原因并经审批后,属本单位负责的,再计入财产溢余或损失。

总而言之,错、失款处理的基本原则是:长款不得溢库,短款不得空库,不得以长补短,也不能不做登记。

第二节　常见错误及舞弊形式

1. 记账凭证中常见错误有哪些?

(1)基本要素不全或填写不完整。

主要是日期不写或写错、摘要过于简单或用语不准确。

(2)科目运用错误。

即没有正确运用有关会计科目,发生了科目运用错误、内容错误和对应关系错误等。

(3)记账凭证无编号。

无编号是指对多份记账凭证没有按序排队编号,使各份凭证难以辨别彼此。

(4)记账凭证编号错误。

编号错误是指虽然存在记账凭证编号但编号所排列的顺序混乱,难以发现其相互关系。

(5)附件数量和金额错误。

记账凭证所附原始凭证的张数和内容与记账凭证不符,或者各张原始凭证所记金额的合计数与记账凭证记录金额不符。

(6)印鉴错误。

已入账记账凭证未加盖有关印章,或者加盖不全,使已入账的凭证与未入账凭证难以区分;有效的记账凭证与出错作废的凭证难以区分;记账凭证中没有记账、审核等人员的签章。

2.记账凭证中常见的舞弊形式有哪些?

(1)假账真做。

是指无原始凭证而以行为人的意志凭空填制记账凭证,或在填制记账凭证时,让其金额与原始凭证不符,并将原始凭证与记账凭证不符的凭证混杂于众多凭证之中。

(2)真账假做。

舞弊者故意错用会计科目或忽略某些业务中涉及的中间科目,来混淆记账凭证对应关系,打乱查阅人的视线。

(3)障眼法。

对记账凭证的摘要栏进行略写或错写,使人看不清经济业务的本来面目。舞弊者采用这种手法使记账凭证的摘要往往与原始凭证所反映的真实经济业务不符,或空出摘要不写,或者粗粗写上让人不得要领的几个字,以达到掩饰和弄虚作假的目的。

3. 账簿中的常见错误有哪些?

会计账簿中的错误主要存在于账簿的启用、设置、登记、结账等环节。

(1)会计账簿启用错误。

出现在会计账簿启用中的错误主要表现在以下几个方面:

①在账簿封面上未写明单位名称和账簿名称。

②在账簿扉页上未附账簿启用表,或虽附有账簿启用表,但所列内容不完整。

③会计人员调动工作时,未按规定在账簿中注明交接人员、监交人员的姓名或未加签章,无法明确有关责任。

④启用订本式和活页式账簿时,未按规定对其编订页码等。

(2)会计账簿设置错误,主要表现在以下几个方面:

①账簿形式设计不合理。包括装订形式、账页的尺寸、账页划线、印刷颜色及账页用纸等不合理。

②账簿设计不齐全。任何单位必须设置数量能满足需要的总账,对现金和银行存款必须设置日记账,对需要提供详细经济活动情况的总账,还必须在其下设置能够满足需要的明细账。另外,根据工作需要,还应设置若干备查簿,以反映一些特殊的不能在正规账簿中进行反映的经济事项。在实际工作中存在账簿设置不齐全的问题主要有:

a. 未设置应有的总账;

b. 未设置应有的明细账,或明细账的分类不合理;

c. 未设置必需的备查簿或设置项目不全;

d. 所设置的账簿未能很好地形成一个账簿体系。

(3)会计账簿登记错误。

会计账簿登记错误主要包括以下几个方面的内容:

①登记的方式不合理。明细账一般是根据记账凭证和原始凭证登记的,总账要根据所采用的会计核算形式的不同而选择根据什么进行登记。在实际中存在采用的核算形式、登记总账的依据不合理,不能满足生产经营

管理需要的问题。

②账簿摘要不合理。一种是摘要过于简略或表达不清，使人不能明白到底是什么业务；另一种是摘要虽然写的很好，但所反映的经济业务不合理、不合法。

③登记不及时。

④账簿中书写的文字和数字所留空距不合理。

⑤登记账簿所用笔墨不符合要求。

⑥登记中发生跳行、隔页的情况。

⑦未按规定结出账簿中账户的余额。

4. 账簿中常见的舞弊形式有哪些？

(1)无据记账，凭空记账。

即账簿中所列的业务不是根据经审核无误的原始凭证填制记账凭证逐笔登录的，而是凭空捏造出来的，或者在合法的凭证中插入一些不合法的业务内容。

(2)涂改、销毁、“遗失”、损坏账簿。

用类似涂改凭证的方法来篡改有关账簿，有的则制造事故，造成账簿不慎被毁的假象，从而将不法行为掩盖于一般的过失当中，使查账人员的线索中断。

(3)设置账外账。

即一个企业建立两套或三套账，一套用于内部管理(对外不公开)，一套用于应付外来部门的检查，从而根据自己的需要做出对外公布的一套账。

(4)登账、挂账、改账、结账作假。

①登账作假。不按照记账凭证的内容和要求记账，而是随意改动业务内容，或故意使用错误账户，使借贷方科目产生错误，混淆业务应有的对应关系，以掩饰其违法乱纪的意图。

②挂账作假。就是利用往来科目和结算科目将经济业务不结清到位而是挂在账上，或将有关资金款项挂在往来账上，等待时机成熟再冲回，以达

到“缓冲”、不露声色和隐藏事实真相之目的。

③改账作假。就是对账簿记录中发生的错误不按照规定的办法改错，而是用不规范的方法进行改错，或者利用红字“改错”，随意对账户中的记录进行加减处理，如利用红字改变库存数、冲销材料成本差异数、无据减少销售数额等，以达到其违法乱纪之目的。

④结账作假。就是在结账及编制报表的过程中，通过提前或推迟结账、结总增列或结总减列和结账空转等手法故意多加或减少数据，虚列账面金额；或者为了人为地把账做平，而故意调节账面数据，以达到掩饰或舞弊的目的。

(5)利用计算机舞弊。

随着计算机会计系统的普及，计算机舞弊正被日益关注。其主要的作案手法是在实现计算机会计核算的单位，利用计算机的知识和经验，在系统程序中设置陷阱、篡改程序、篡改输入、篡改文件和非法操作等。

5. 应收账款中的错弊有哪些？

应收账款业务，是指形成的应收账款能够收回的经济业务。应收账款业务会计核算的漏洞及错弊主要表现在以下几个方面：

(1)应收账款的回收期过长。

应收账款从形成到收回有一个时间间隔，这个时间间隔就是应收账款的回收期。该回收期的长短应是合理而正常的。一般来说，应收账款的回收期越短越好，说明资金的周转速度快，有利于提高企业的经济效益；反之，应收账款的回收期越长，说明企业的资金周转速度越慢，不利于搞好企业的经营管理、提高经济效益，甚至影响企业的生产或经营活动的正常进行。实践中存在应收账款回收期过长的问题，如有的企业应收账款回收期比正常的、合理的回收期或比同类企业的平均回收期高出50%甚至1倍。

(2)应收账款平均余额过大。

应收账款平均余额与应收账款回收期一样，其数值越大，越不利于企业加快资金的周转，据以计算的应收账款周转率就不理想，也就不利于企业搞好经营管理，提高经济效益。实践中存在应收账款余额过大的问题，以致影响企业正常的生产和经营活动。

(3)应收账款周转率不理想。

应收账款周转率，是一定时期内商品或产品赊销净额与应收账款平均余额的比率。它可以用应收账款周转次数表示，也可以将次数换算成天数来表示。一定时期内周转的次数越多或周转一次需要的天数越少，说明应收账款的周转速度越快，应收账款的周转率也就越理想。实践中存在应收账款周转速度慢，以致影响企业的正常生产或经营活动等问题。

(4)列作应收账款的经济事项不合理、不真实、不合法等。

列作应收账款的经济业务，必须是真实正确的销售商品或产品、材料等或提供劳务后应收而尚未收取货款或劳务费的业务。实践中存在利用“应收账款”账户从事舞弊活动，列作应收账款的经济业务不真实、不合理、不合法的问题。

(5)对坏账损失的会计处理方法不合理。

对坏账损失的会计处理方式主要有备抵法和直接转销法两种。

①备抵法。

即企业按期预估可能产生的坏账损失，单列入当期费用，形成坏账准备，当实际发生坏账损失时再冲销坏账准备和应收账款。

②直接转销法。

即企业平时不预估形成坏账准备，当实际发生坏账损失时直接从应收账款中转销列作费用。

按照我国目前账务会计制度的要求，凡执行《企业会计准则》的企业，只能采用备抵法；而执行《小企业会计准则》的企业，只能采用直接转销法。

6. 易出错的工作阶段有哪些？

(1)刚上班时。

刚上班时，由于精力尚未完全集中，或者准备工作尚未完全做好，就开始收付款项，有时东翻西找、手忙脚乱，最终可能导致错款。

(2)快下班时。

快下班时,出纳人员因急于离岗,未将现金按规定整理、核对和结扎就随便地放入保险箱。

(3)业务较多时。

收付业务较多时,因急于完成工作或精神过于紧张,很容易出现差错。

(4)工作清闲时。

工作清闲时,出纳人员有时与别人聊天或做私活或看书等,此时如发生个别收付款业务,往往会因思想不集中、注意力分散而出现差错。

(5)节假日前后。

节前等待放假,节后又难以平静,工作松懈,思想涣散,此时非常容易出现差错。

第三节 会计舞弊及其查证

1.会计舞弊有哪几种类别?

会计舞弊,是指会计人员或有关当事人为窃取资财而用非法手段进行会计处理的不法行为。会计舞弊与会计错误有本质的不同,会计错误的当事人并无不良动机和企图;而会计舞弊的当事人却是抱着恶意的、不良的企图,并采用伪装、涂改、销毁等违法手段造成不良后果。

会计舞弊的情况有下列几种:

(1)某个会计人员或几个会计人员合谋,为达到不良目的而进行非法的会计处理。

(2)部门负责人指使会计主管人员为个人或部门私利而进行非法的会计处理。

(3)单位职工或其他有关人员利用会计内部控制制度不健全而进行非

法的会计处理。

假账和会计舞弊对于许多企业的领导层来说都是一件很头痛的事情，假账对于企业的危害是非常严重的。如何有效地识别、查处并防止本单位假账的发生，是摆在领导层面前的一个严重问题。

2. 怎样识破工作中的舞弊现象？

（1）纵向思路：明确产生假账的环节。

假账毕竟是假的，只要仔细一琢磨，就不难发现：一般情况下，会计人员要想舞弊，就会在会计信息产生的环节上做手脚。下面是对会计假账产生环节的简要介绍，旨在帮助领导层发现和查找会计舞弊问题的思路。

①填制原始凭证环节。原始凭证是会计信息产生的最初来源，当企业发生一项业务时，会计人员或相关记录人员应该把这项经济业务的数量、单价、金额等内容逐一反映清楚。但由于原始凭证具有数量多、内容琐碎、金额大小不等的特点，有关人员可能会在原始凭证中作弊，有些管理者往往忽略这些种类繁多的原始凭证，放纵了舞弊行为的发生。

②交接凭证环节。企业经济业务发生后，业务人员与会计人员交接凭证的环节同样是一个容易产生舞弊的环节。如舞弊人员会虚增品种或项目、涂改单价，或者在凭证汇总时加计错误等，这些情形都会造成舞弊的发生。

③填写记账凭证环节。在依据原始凭证填写记账凭证时，舞弊人员可能故意修改摘要、变换科目等，造成舞弊事实。

④登账环节。登账是根据记账凭证登记账簿，舞弊人员可能对真实账项进行篡改、销毁与藏匿。

⑤编制报表环节。编制报表是加工产生会计信息的最后一个环节，会计报表复杂的结构、繁多的数据为舞弊者提供可乘之机。鉴于报表本身的重要性，会计报表舞弊具有极大危害性，它不仅掩盖了舞弊事实本身，还进一步影响了企业经营管理的决策与发展。

（2）横向思路：关注异常情况。

明确假账产生的环节，是从纵向来挖掘查找舞弊的思路，现在我们指导经理人以横向思路分析会计舞弊问题，也就是分析会计信息的若干个构成要件：异常数据、异常内容、异常科目。

①异常数据。一般来说，企业任何一项业务支出都有一个大致范围，假设企业每月办公费用3 000～5 000元、销售费用8 000～10 000元等等，各项支出一般在这个范围内上下波动，如果发现某项支出本期突然增加，就应引起高度重视。

②异常内容。企业在开展业务时，在被许可的经营范围内会有比较稳定的往来客户，如企业原材料的供应商、公司产品的购买商等等。正是由于企业经营范围的限制和客户的稳定性，会计信息所反映的内容也是有一定范围的。当我们发现异常的客户、异常的地点和异常的业务时，就要对这些异常内容引起重视。因为企业同稳定客户之间有良好的业务关系，在这些业务中作弊很难，所以这些异常项目常常是舞弊的焦点。

③异常科目。企业记账时要遵循科目对应的原则，如“产成品”科目对应“生产成本”科目和“主营业务成本”科目等。如果发现了不对应的会计科目，就应查出这种错误产生的原因，分析是失误还是舞弊。

3. 如何防范差错？

(1)严格执行钱账分管和不相容职位分离制度。

出纳人员不登记会计记录，非现金出纳人员一律不得经手现金。建立健全现金收支和票证管理制度，现金收取使用统一规定的收款凭证，并及时全额入账，严禁收入不入账或截留收入、私设“小金库”的行为；现金开支要由分管财务的领导审批，严禁坐支、挪用、公款私存，库存现金不得超过规定限额；加强票证管理，严禁“出卖”账户、出借支票和擅自签发空白转账支票。

(2)认真填写支票。

出纳人员填写支票要认真，做到字迹清晰，数码规范，大写前不留空，小写前注明￥，避免给坏人以可乘之机；编制记账凭证，要按原始单据的自然张数填写附件张数，并用胶水粘牢，以防脱落，避免原始单据被别有用心的人抽掉销毁、嫁祸于人;领款、借款要严格履行手续,领款必须由领款人签字盖章,借款必须由借款人立据、签字盖章并经分管财务领导审批。

(3)做到"三勤、三心"。

由于出纳工作是一项繁忙而又细致的工作,出纳人员要真正做好这一工作,必须做到"三勤、三心"。

"三勤"主要包括以下三个方面的内容:①业务生疏要勤问,重要业务工作勤向领导汇报。②经办业务要手勤,做到填单认真、点钞准确、记账及时、手续清楚,尤其对每一笔收付业务,要按照时间先后逐笔记好现金日记账和银行存款日记账,并及时盘点现金,做到日清月结,账款相符。③联系银行要腿勤,每天超过规定限额的结存现金要及时送存银行,经常与银行核对存款账目,一旦发现错账,应及时弄清原因,迅速更正。

所谓"三心"主要包括以下三个方面的内容:①学习业务要虚心,对不懂的问题要虚心请教,不要不懂装懂。②办理业务要细心,每一笔收付业务都要亲自过手、过目,辨别真伪,严格把关,避免粗心大意造成差错。③日常工作要有责任心,任何时候都要保持高度警惕,谨慎从事,尤其对现金、凭证、支票、存折、印鉴等要妥善保管,防止遗失、被盗、被骗而酿成大祸。

(4)主动接受监督。

出纳人员要主动接受会计人员的监督,主动为现金盘库提供条件,对账时主动向会计人员报出现金库存数,只有这样,才能检查出账款是否真正相符,避免不必要的失误。另外,各单位要加强审计监督,平时对财务收支要进行定期或不定期的检查、审计,年终进行全面清理审计,对检查、审计中发现的问题,要区别情况,及时处理。

4. 如何有效查找差错?

在日常的会计核算中,差错时有发生。发现错误,应采取的措施有:一是要确认错误的金额;二是要确认错在借方还是贷方;三是根据产生差错的具体情况,分析可能产生差错的原因,采取相应的查找方法,便于缩短查找差错的时间,减少查账工作量。

查找错误的方法有很多,现将常用的几种方法介绍如下:

(1)顺查法。

顺查法,又称作正查法,是按照账务处理的顺序,从原始凭证、账簿、编制会计报表全部过程进行查找的一种方法。即首先检查记账凭证是否正确,然后将记账凭证、原始凭证同有关账簿记录一笔一笔地进行核对,最后检查有关账户的发生额和余额。

这种检查方法,可以发现重记、漏记、错记科目、错记金额等。这种方法的优点是查的范围大,不易遗漏;缺点是工作量大,需要的时间比较长。所以在实际工作中,一般是在采用其他方法查找不到错误的情况下才采用这种方法。

(2)逆查法。

逆查法,又称作反查法,它与顺查法相反,是按照账务处理的顺序,从会计报表、账簿、原始凭证的过程进行查找的一种方法。即先检查各有关账户的余额是否正确,然后将有关账簿按照记录的顺序由后向前同有关记账凭证或原始凭证进行逐笔核对,最后检查有关记账凭证的填制是否正确。

这种方法的优缺点与顺查法相同。所不同的,是根据实际工作的需要,针对由于某种造成后期产生差错的可能性较大的因素而采用的。

(3)抽查法。

抽查法,是对整个账簿记录抽取其中某部分进行局部检查的方法。当出现差错时,可根据具体情况分段、重点查找。将某一部分账簿记录同有关的记账凭证或原始凭证进行核对。还可以根据差错发生的位数有针对性地查找。如果差错是角、分,只要查找元以下尾数即可;如果差错是整数的千位、万位,只需查找千位、万位数即可,其他的位数就不用逐项或逐笔地查找了。这种方法的优点是范围小,可以节省时间,减少工作量。

(4)偶合法。

偶合法,就是根据账簿记录差错中经常遇见的规律,推测与差错有关的记录而进行查找的一种方法。这种方法主要适用于漏记、重记、错记的查找。

①漏记的查找。

总账一方漏记。在试算平衡时,借贷双方发生额不平衡,出现差错,在总账与明细账核对时,会发现某一总账所属明细账的借(或贷)方发生额合计数大于总账的借(或贷)方发生额,也出现一个差额,这两个差额正好相等。而且在总账与明细账中有与这个差额相等的发生额,这说明总账一方漏记。哪一方的数额小,漏记就在哪一方。

明细账一方漏记。总账已经试算平衡,但在进行总账与明细账核对时,发现某一总账借(或贷)方发生额大于其所属各明细账借(或贷)方发生额之和,说明明细账一方可能漏记,可对该明细账的有关凭证进行查对。

如果整张记账凭证漏记,则没有明显的错误特征,只有通过顺查法或逆查法逐笔查找。

②重记的查找。

总账一方重记。在试算平衡时,借贷双方发生额不平衡,出现差错;在总账与明细账核对时,会发现某一总账所属明细账的借(或贷)方发生额合计数小于该总账的借(或贷)方发生额,也出现一个差额,这两个差额正好相等,而且在总账与明细账中有与这个差额相等的发生额记录,说明总账一方重记。哪一方的数额大,重记就在哪一方。

如果明细账一方重记,在总账与明细账核对时可以发现。总账已经试算平衡,与明细账核对时,某一总账借(或贷)方发生额小于其所属明细账借(或贷)方发生额之和,则可能是明细账一方重记,可对与该明细账有关的记账凭证查对。

如果整张记账凭证重记,则没有明显的错误特征,只能采用顺查法或逆查法逐笔查找。

③记反账的查找。

记反账,是指在记账时把发生额的方向弄错,将借方发生额记入贷方,或者将贷方发生额记入借方。总账一方记反账,则在试算平衡时发现借贷双方发生不平衡,出现差额。这个差额是偶数,能被2整除,所得的商数则在账簿上有记录,如果借方大于贷方,则说明将贷方错记为借方;反之,则说明将借方错记为贷方。如果明细账记反了，而总账记录正确，则总账发生额试算是正确的，可用总账与明细账核对的方法查找。

④错记账的查找。

在实际工作中，错记账是指把数字写错，常见的有两种：

一是数字错位。即应记的位数不是前移就是后移，即小记大或大记小。1 600记为 160 为大记小，2. 43 记为 24. 3 为小记大。

如果是大记小，在试算平衡或者总账与明细账核对时，正确数字与错误数字的差额是一个正数，这个差额除以 9 后所得的商与账上错误的数额正好相等。查账时如果差额除以 9，所得商恰好是账上的数，可能是记错了位。

如果是小记大，在试算平衡或者总账与明细账核对时，正确数与错误数的差额是一个负数，这个差额除以 9 后所得商数再乘以 10，得到的绝对数与账上错误恰好相等。查账时应注意：差额负数除以 9，商数乘以 10 的数账上有，可能是记错了位。

二是错记。错记是在登记账簿过程中的数字误写。对于错记的查找，可根据由于错记而形成的差数，分别确定查找方法，查找时不仅要查找发生额，同时也要查找余额。

5. 如何进行有效纠错？

如果发现账簿记录有错误，应按规定的方法进行更正，不得涂改、挖补或用化学试剂消除字迹。更正错误的方法有三种。

(1)划线更正法。

划线更正，又称红线更正。如果发现账簿记录有错误，而其所依据的记账凭证没有错误，即纯属记账时文字或数字的笔误，应采用划线更正的方法进行更正。

更正的方法是：将错误的文字或数字划一条红色横线注销，但必须使原有字迹仍可辨认，以备查考；然后，在划线的上方用蓝字或黑字将正确的文字或数字填写在同一行的上方位置，并由更正人员在更正处盖章，以明确责任。

采用划线更正法进行错账更正时应注意:对于文字差错,可只划错误的部分,不必将与错字相关联的其他文字划去;对于数字差错,应将错误的数额全部划去。

(2)补充登记法。

补充登记法,又称蓝字补记法。根据记账凭证所记录的内容记账以后,发现记账凭证中应借应贷的会计科目和记账方向都没有错误,记账凭证和账簿记录的金额相吻合,只是所记金额小于应记的正确金额,应采用补充登记法。

更正的方法是,将少记的金额用蓝字或黑字填制一张与原错误记账凭证所记载的借贷方向、应借应贷会计科目相同的记账凭证,并据以登记入账,以补记少记金额,求得正确金额。

案例 10-1　　　　补充登记法的应用

用银行存款40 000元购买原材料,在填制记账凭证时,误记金额为4 000元,但会计科目、借贷方向均无错误,其错误记账凭证所反映的会计分录为:

借:原材料　　4 000

　贷:银行存款　　4 000

在更正时,应用蓝字或黑字编制如下记账凭证进行更正:

借:原材料　　36 000

　贷:银行存款　　36 000

错误的记账凭证以蓝字或黑字记账更正后,即可反映其正确的金额为40 000元。

如果记账凭证中所记录的文字、金额与账簿记录的文字、金额不符,应首先采用划线法更正,然后用补充登记法更正。

(3)红字更正法。

红字更正法,又称红字冲销法。在会计上,以红字记录表明对原记录的冲减。红字更正法适用于以下两种情况:

①根据记账凭证所记录的内容记账以后,发现记账凭证中的应借、应贷会计科目或记账方向有错误,且记账凭证同账簿记录的金额相吻合,应采用红字更正法。更正的方法分两个步骤进行:第一步先用红字填制一张与原错误记账凭证内容完全相同的记账凭证,并据以用红字登记入账,冲销原有错误的账簿记录;第二步,再用蓝字填制一张正确的记账凭证,据以用蓝字登记入账。

②根据记账凭证所记录的内容记账以后,发现记账凭证中应借、应贷的会计科目、记账方向都没有错误,只是所记金额大于应记的正确金额,应采用红字更正法。更正的方法是,将多记的金额用红字填制一张与原错误记账凭证所记载的借贷方向、应借应贷会计科目相同的记账凭证,并据以登记入账,以冲销多记金额,求得正确金额。

案例 10-2　　　　红字更正法的应用(一)

以现金支付下年度报刊费 800 元,在填制记账凭证时误记入"银行存款"科目,并据以登记入账,其错误记账凭证所反映的会计分录为:

借:待摊费用　　800

　贷:银行存款　　800

该项分录应贷记"现金"科目。在更正时,应用红字(在本书中,如无特殊的说明,用带框的数字表示红字记录)金额编制如下记账凭证进行更正:

借:待摊费用　　[800]

　贷:银行存款　　[800]

错误的记账凭证以红字记账更正后,表明已全部冲销原有错误记录,然后用蓝字填制如下正确分录,并据以登记入账:

借:待摊费用　　800

　贷:现金　　800

案例10-3　　红字更正法的应用(二)

用银行存款3 600元购买办公用品,在填制记账凭证时,误记金额为36 000元,但会计科目、借贷方向均无错误,其错误记账凭证所反映的会计分录为:

借:管理费用　　36 000

　贷:银行存款　　36 000

在更正时,应用红字金额32 400元编制如下记账凭证进行更正:

借:管理费用　　32 400

　贷:银行存款　　32 400

错误的记账凭证以红字记账更正后,即可反映其正确金额为3 600元。

如果记账凭证所记录的文字、金额与账簿记录的文字、金额不符,应首先采用划线法更正,然后用红字冲销法更正。

6. 如何查证会计工作中的舞弊?

(1)会计凭证舞弊。

对此项错弊的查证思路和方法是:审阅或重点抽查一部分会计凭证,看其在数字书写上是否符合规定,如有不符合规范之处,应对其进一步查证。对于一般性会计错误,通过有关当事人(如制定人员)调查询问便可查证;对于会计舞弊,还应通过账证、证证、账实等方面的核对,对有关问题进行鉴定、分析来查证问题。

如在数字前后添加数字进行贪污问题,就需要对所发现的有添加数字的痕迹进行技术鉴定,从而查证问题。对于此类错弊,可通过审阅、核对会计凭证发现疑点,查证问题。如属会计错误,只需通过审阅会计凭证发现问题;如属会计舞弊,则需在审阅凭证发现疑点后进行名称与所反映经济业务内容的分析比较,进行原始凭证与记账凭证或原始凭证之间的核对,从而查证问题。

如果会计凭证不编号,则会计舞弊的机会可能性会加大,查证这种舞弊实属不易。如果会计凭证有编号,则查弊的切入点便在于会计凭证编号的连续性,若凭证号码不连续,则应据此进行深入调查。

(2)会计账簿舞弊。

对于账簿启用问题,只需要审阅被检查单位每个账簿中扉页记录内容和账簿中所有账页数编写情况,便可查证或发现问题疑点。

对于会计账簿登记中的错弊,可按照下列方法查证:

①查阅会计账簿的登记内容,检查其是否按规定登记,如登记账簿时使用的笔墨正确与否,登记账簿有无跳行、隔页的情况等。

②检查登账人员在账簿上留下的记账标志和相关签章,明确会计责任,查找遗留问题。

③核对账证记录,检查账簿是否根据审核无误的会计凭证登记,有无账证不符问题。

(3)会计报表舞弊。

对于会计报表编制的舞弊,可按以下几种方法进行查证:

①核对会计报表与会计账簿中的对应数字,检查数据真实性。

②对利润表中的各个指标进行复核性计算,以评价其准确性。

③审阅报表附注,分析会计报表内容是否完整。

7. 如何防范出纳工作中的计算机舞弊?

(1)建立健全有效的内部控制系统。

使用计算机进行数据处理的单位,都应建立和健全电子数据处理内部控制系统。完善的内部控制系统应具有有效的一般控制和应用控制措施。一般控制的重点是对系统的接触控制和程序控制,应用控制的重点是输入控制。

(2)发挥审计的作用。

查错防弊是审计的目的之一。审计人员通过开展计算机系统的事前审计,对内部控制系统的完善性、系统的可审性及系统的合法性作出评价,以保证系统运行后数据处理的真实、准确,防止和减少舞弊行为的发生;通过定期对计算机内部控制系统的审查与评价,促进企业加强和完善内部控制;通过对计算机系统的事后审计,对系统的处理实施有效的监督。

(3)加强技术性防范。

技术性自我保护是发现和预防计算机舞弊的有效措施。设置专门的安全控制程序,如对账目或重要文件采用读写保护或编码时间锁定,对被保护数据资源的存取操作进行详细记录和跟踪检测。

(4)提高人员素质。

加强职业道德教育,严明职责,提高使用计算机系统人员的素质,对预防计算机舞弊事件的发生有积极的作用。

会计电算化的广泛应用,给企业的财务管理带来了很大的变化,同时也给企业财务人员提出了新的要求,即不仅应当具备丰富的理财知识,还必须具备一定的计算机知识。

8. 如何检查会计账簿?

对账簿分析检查的具体方法有多种形式,我们介绍以下几种:

(1)复核法。

即对会计账簿的记录及合计进行重复验算,以证实会计记录中计算的准确性。

(2)审阅法。

即以国家的法律法规、方针政策、制度规定作为依据,通过审查性过目,检查分析有关账簿资料的真实性、合法性和合规性,视其有无差错、疑点和弊端。审阅法的适用性较广,在查账工作中经常运用。该方法的运用成功与否在较大程度上取决于查账人员自身的观察能力、分析能力和判断能力,取决于其经验水平。

(3)核对法。

是指对账簿记录(包括相关资料)两处或两处以上的同一数值或有关数据进行互相对照,旨在查明账账、账证、账实、账表是否相符,以便证实账簿记录是否正确,有无错账、漏账、重账,揭露营私舞弊、违法乱纪行为。核对法在查账工作中运用也十分广泛,查账人员常常用这种方法来发现疑点,取得证据,为进一步审查查证提供线索。核对法可由两人合作进行,也可由一人单独进行。通常运用核对法分析检查的内容有:

①核对凭证与账簿记录、账簿与账簿记录(总账与明细账)、账簿与报表记录、账簿与卡片、账簿与实物之间的数额是否相符。

②核对总分类账借方余额的合计数同贷方余额的合计数是否相符。

③核对账外账单,如银行对账单、客户往来清单等,同本单位有关账目的数据是否相符。

④核对原定的预算、指标、定额、承包基数等同实际用以考核的预算、指标、定额和承包基数是否相符。

⑤核对生产记录、发货托运记录、原材料消耗记录、产成品入库记录、废次品记录、考勤记录等同相应的账簿记录所反映的内容、数额是否相等。

⑥核对销售合同、外加工合同、联营合同等所记载的内容与金额,同有关账簿记录所反映的内容、金额是否相符。

(4)核实法。

核实法是核对法的特例,指将账簿资料与实际情况进行对照,用以验证账实之间是否相符,并取得书面证据的一种方法。核实法主要用以核对账户记录,并结合盘点方法所获取的实物证据,进行账簿资料与现实物资之间的对照。核实的重点是盘存类账户,如现金、原材料、燃料、产成品等;此外,盘存类账户中的银行存款、其他货币资金,以及结算类账户中的应收、应付、暂收、暂付等,也可以用此法核对分析。

(5)调节法。

是指为了检查账簿中某些业务,而事先对其中某些因素进行增减调节,以使其相关可比的一种查账方法。在被查单位各类账簿中记录着各种业务,由于其记录业务的角度和方式不同,账簿与账簿之间、业务与业务之间可能存在着差异,有时不具有可比性。另外,查账人员检查账簿的时点与被查单位做账的时点不同,两者面对的资料数据也可能存在差异,这些都影响着账项的比较查对，因此需要采用调节法进行处理，以使其对口且具有可比性。

（6）各种查账分析方法。

包括账户分析法、比较分析法、比率分析法、相关分析法、平衡分析法、分组分析法、因素分析法、推理分析法、图表分析法、差额分析法、量本利分析法、价值分析法、预测分析法等。

9. 如何查证应收账款的舞弊？

（1）查证企业销售环节的内部控制。

①查证企业销售商品或提供劳务后，将债权转入应收账款的批准程序。

②查证为购货方代垫费用支付现金或银行存款的批准程序。

③查证与购货方的对账制度及对账单签发手续等。

（2）查证有关销货发票。

了解有无销售折扣与折让情况，看其与“应收账款”、“主营业务收入”等账户记录是否一致，以弄清是否存在以净价法入账而导致应收账款入账金额不实等问题。

（3）查证应收账款平均余额。

分析应收账款账龄，计算应收账款周转率，并同本行业平均周转率比较，看是否存在周转太慢、回收期过长的问题，进一步调查是否因款项收回后挂账或私分所致。

（4）查阅明细账及凭证。

看是否存在列作应收账款的经济事项不真实、不合理、不合法的情况。问题发生后，其线索或疑点表现在以下几个方面：

①反映在“主营业务收入”和“应收账款”账户中的虚假金额，与正常的经济业务金额比较可能表现为异常，如金额过大、精确度过高等。

②会计凭证可能只有记账凭证，没有原始凭证；或虽有原始凭证，但内容不全、不真实等，表现为账证不符。

③所虚设的应收账款，可能只记入了“应收账款”总账，未虚设虚记明细

账或未在其他明细账中虚记，表现为应收账款总账与所属明细账不相符。

④所虚设的应收账款，可能既记入了总账也记入了虚设的或其他明细账。这样尽管总账与明细账是平衡的，但该企业所记录的这些内容与实际或对方客户“应付账款”账上的对应内容不相符，表现为两个单位间的账账不符。

（5）查证企业备抵法运用是否正确。

应运用审阅法、复核法检查被查单位坏账准备计提是否正确、合规，有无多提、少提或人为调节利润水平的问题。

审阅“坏账准备”账户借方记录，以发现和查证有无发生坏账损失后多冲或少冲坏账准备，以此调节“应收账款”账户内容，从而达到利用“应收账款”账户舞弊的目的的问题。根据发票、收据的号码不连续和调查询问所掌握的情况，审阅核对“坏账准备”账户的贷方记录内容，来查证收回已经核销的坏账未入账而将其私分或存入“小金库”的问题。

第十一章　出纳工作交接

第一节　工作交接内容

1. 什么是出纳工作交接?

出纳工作交接是指出纳人员因调动工作或者离职等原因,由离任出纳人员将有关工作和资料移交给继任出纳人员的工作过程。出纳人员因工作调动或者其他原因离职,必须将本人所经管的出纳工作全部移交给接替人员。没有办清交接手续的,不得调动或者离职。通过交接可以明确移交人员与接管人员的责任,便于继任出纳熟悉工作,做到出纳工作前后衔接。

出纳工作交接要做到两点:一是移交人员与接管人员要办清手续;二是交接过程中要有专人负责监交。交接要求进行财产清理,账账核对,账款核对;交接清理后要填写移交表,将所有移交的票、款、物编制详细的移交清册,逐册向接管人点清;然后由移交方、接管方、监督方三方签字盖章,同时将移交表存入会计档案。

2. 为什么要进行出纳工作交接?

出纳人员办理工作交接手续主要有以下几个方面的原因:

(1)出纳人员辞职或离开原单位。

(2)企业内部工作变动不再担任出纳职务。

(3)出纳轮岗调换到会计岗位。

(4)出纳岗位内部增加工作人员进行重新分工。

(5)因病假、事假或临时调用,不能继续从事出纳工作。

(6)因特殊情况如停职审查等按规定不宜继续从事出纳工作。

(7)企业因其他情况按规定应办理出纳交接工作的,如企业解散、破产、兼并、合并、分立等情况发生时,出纳人员应向接收单位或清算组移交的。

3. 出纳工作交接有哪些作用?

《会计法》第四十一条规定:会计人员调动工作或者离职,必须与接管人员办理交接手续。一般会计人员办理交接手续,由会计机构负责人、会计主管人员监交。出纳交接要按照会计人员交接的要求进行。出纳人员调动工作或者离职时,与接管人员办清交接手续,是出纳人员应尽的职责,也是分清移交人员与接管人员责任的重大措施。办好交接工作,可以使出纳工作前后衔接,防止账目不清、财务混乱。

出纳人员必须按有关规定和要求办理好工作的交接手续。出纳工作交接的作用主要有:

(1)可以明确工作责任。

(2)便于接办的出纳人员熟悉工作。

(3)有利于发现和处理出纳工作和资金管理工作中存在的问题。

(4)预防经济责任事故与经济犯罪的发生。

4. 出纳工作交接包括哪些内容?

出纳交接的具体内容根据各单位的具体情况而定,情况不一样,移交的内容也不一样。但总体来看,出纳的工作交接主要包括以下一些基本内容:

(1)财产与物资。

①会计凭证(原始凭证、记账凭证)。

②会计账簿(现金日记账、银行存款日记账等)。

③相关报表(出纳报告等)。

④现金、银行存款、金银珠宝、有价证券和其他一切公有物品。

⑤用于银行结算的各种票据、票证、支票簿等。

⑥各种发票、收款收据。包括空白发票、空白收据、已用或作废的发票或收据的存根联等。

⑦印章,包括财务专用章、银行预留印鉴以及“现金收讫”、“现金付讫”、“银行收讫”、“银行付讫”等业务专用章。

⑧各种文件资料和其他业务资料,如银行对账单,应由出纳人员保管的合同、协议等。

⑨办公室、办公桌与保险工具的钥匙,各种保密号码。

⑩本部门保管的各种档案资料和公用会计工具、器具等。

⑪经办未了的事项。

(2)电算化资料。

实行会计电算化的单位,还应包括以下内容:

①会计软件。

②密码、磁盘、磁带等有关电算化的资料、实物。

(3)业务介绍。

①原出纳人员工作职责和工作范围的介绍。

②每期固定办理的业务介绍,如交纳电费、水费、电话费的时间等。

③复杂业务的具体说明,如交纳电话费的号码、台数,银行账户的开户地址、联系人等。

④历史遗留问题的说明。

⑤其他需要说明的业务事项。

第二节　工作交接实操训练

1. 出纳工作交接前应准备什么？

为了使出纳工作移交清楚，防止遗漏，保证出纳交接工作顺利进行，出纳人员在办理交接手续前，必须做好以下准备工作：

(1)将现金或银行存款日记账登记完毕，并在最后一笔余额后加盖名章。

(2)在现金或银行存款日记账启用表上填写移交日期，并加盖名章。

(3)整理应该移交的各项资料，对未了事项写出书面材料。

(4)现金或银行存款日记账与现金、银行存款总账核对相符，现金账面余额与实际库存现金核对一致，银行存款账面余额与银行对账单核对无误。如有不符，要找出原因，弄清问题所在，加以解决，务求在移交前做到相符。

(5)编制移交清册。列明应当移交的会计凭证、账簿、报表、印章、现金、有价证券、支票簿、发票、文件、其他会计资料和物品等内容。

实行会计电算化的单位，从事该项工作的移交人员还应当在移交清册中列明会计软件及密码、会计软件数据磁盘(磁带等)及有关资料、实物等内容。

2. 出纳工作正式交接的具体要求和操作是怎样的？

《会计基础工作规范》规定：会计人员办理交接手续，必须由监交人员负责监交。一般会计人员交接，由单位会计机构负责人、会计主管人员负责监交；会计机构负责人、会计主管人员交接，由单位领导人负责监交，必要时可由上级主管部门派人会同监交。

出纳工作交接一般在单位会计机构负责人、会计主管人员监督下进行。

出纳员的离职交接,必须在规定的期限内,向接管人员移交清楚。移交人员在办理交接时应根据移交清册内容逐项移交,移交时必须做到:交好工作、交好思想、交好作风、交好经验;接管人员应认真按移交清册当面点收,接交时要做到:认真仔细、积极听取移交人员的建议、虚心学习移交人员好的思想、作风和经验。具体操作如下:

(1)现金、有价证券、贵重物品要根据会计账簿有关记录由移交人向接管人逐一点交,库存现金、有价证券、贵重物品须与会计账簿记录保持一致,如有不符,移交人员必须在限期内查清。

(2)银行存款账户余额要与银行对账单核对,在核对时如发现疑问,移交人和接管人应一起到开户银行当场复查核对,并编制银行存款余额调节表。

(3)在银行存款账户余额与银行对账单余额核对相符的前提下,移交有关票据、票证及印章,同时由接管人更换预留在银行的印鉴章。

(4)出纳账簿移交时,接管人应核对账账、账实是否相符,即核实现金日记账、银行存款日记账、有价证券明细账与现金、银行存款和有价证券总账的账账相符。实行会计电算化的单位,应先将账页打印出来,装订成册后,再进行交接。

(5)出纳凭证、出纳账簿和其他会计核算资料必须完整无缺,如有短缺,必须查清原因,并在移交清册中注明,由移交人员负责。

(6)工作计划移交时,为了方便接交人开展工作,移交人应向接交人介绍工作计划执行情况以及今后在执行过程中应注意的问题。

(7)移交人应将保险柜密码、钥匙、办公桌和办公室钥匙一一移交给接交人,接交人在接交完毕后,应立即更换保险柜密码及有关锁具。

(8)接管人办理接收后,应在出纳账簿启用表上填写接收时间,并签名盖章。

3. 交接结束后的工作是怎样的?

交接完毕后,交接双方和监交人,要在移交清册上签名或盖章。移交清册必须具备：

（1）单位名称。

（2）交接日期。

（3）交接双方和监交人的职务及姓名。

（4）移交清册页数、份数和其他需要说明的问题和意见。

移交清册一般一式三份，交接双方各执一份，存档一份。

4. 出纳交接时应注意哪些事项？

（1）出纳人员进行交接时，一般应由会计主管人员监交，必要时，还可请上级领导监交。

（2）监交过程中，如果移交人交代不清，或者接管人故意为难，监交人员应及时处理裁决。移交人不作交代，或者交代不清的，不得离职。否则，监交人和单位领导人均应负连带责任。

（3）移交时，交接双方人员一定要当面看清、点数、核对，不得由别人代替。

（4）交接后，接管的出纳人员应及时向开立账户的银行办理更换出纳人员印鉴的手续，检查保险柜的使用是否正常、妥善，保管现金、有价证券、贵重物品、公章等的条件和周围环境是否齐全。如不够妥善、安全，要立即采取改善措施。

（5）接管的出纳人员应继续使用移交的账簿，不得自行另立新账，以保持会计记录的连续性。对于移交的银行存折和未用的支票，应继续使用，不要搁置、浪费，以免单位遭到损失。

（6）交接后，移交人应对自己经办的已经移交的资料的合法性、真实性承担法律责任，不能因为资料已经移交而推脱责任。

总而言之，出纳交接要做到两点：

（1）移交人与接管人要办清手续。

（2）交接过程中要有专人负责监交，交接要求进行财产清理，做到账账核对、账款核对，交接清楚后填妥移交清册，由交、接、监三方签字盖章。

5. 出纳交接的相关责任有哪些?

出纳交接工作结束后,在交接前后各期的工作责任应由当时的经办人负责,主要体现在以下几个方面:

(1)接收人应认真接管移交工作,继续办理未了事项。

(2)接收人应继续使用移交后的账簿等资料,保持会计记录的连续性,不得自行另立账簿或擅自销毁移交资料。

(3)移交后,移交人对自己经办的已办理移交的资料负完全责任,不得以资料已移交为借口推脱责任。

6. 工作移交表包括哪些内容?

工作移交表主要包括库存现金移交表,银行存款移交表,有价证券、贵重物品移交表,核算资料移交表和物品移交表,以及交接说明书等。

(1)库存现金移交表。

根据现金库存实有数,按币种(分人民币和各种外币)、币别分别填入库存现金移交表。库存现金移交表如表 11-1 所示。

表 11-1　　库存现金移交表

币种:　　移交日期:　年　月　日　　单位:元　　第　页

面值	数量(张)	金额	接受金额	备注
100 元				
50 元				
20 元				
10 元				
5 元				
2 元				
1 元				
5 角				
2 角				
1 角				

续表

面值	数量(张)	金额	接受金额	备注
5分				
2分				
1分				
合计	—			

单位负责人：　　移交人：　　监交人：　　接管人：

(2)银行存款移交表。

银行存款又分为活期存款和定期存款,有的单位还可能在不同的银行开户。因此,填表时应根据账面数、实有数、币种、期限、开户银行等分别填写。银行存款移交表如表11-2所示。

表11-2　银行存款移交表

移交日期：　年　月　日　　单位:元

第　页

开户银行	账号	币种	账面数	实有数	备注
合计					

附件及说明:(1)账面数为银行存款日记账金额,实有数为银行对账单金额;

(2)银行存款余额调节表一份;

(3)银行印鉴预留卡片一张。

单位负责人：　　移交人：　　监交人：　　接管人：

(3)有价证券、贵重物品移交表。

在进行有价证券、贵重物品财产移交时,出纳移交人员应将清理核对后的有价证券和贵重物品按品种、价值等分别登记。

对贵重物品较多的单位,可分别编制有价证券移交表与贵重物品移交表。

(4)核算资料移交表。

核算资料主要包括出纳账簿,收据、借据、银行结算凭证,票据领用、使用登记簿,以及其他文件资料等。核算资料移交表如表 11-3 所示。

表 11-3　　核算资料移交表

移交日期：　　年　月　日

名称	年度	数量	起止号码	备注
现金日记账				
银行存款日记账				
收据领用登记簿				
支票领用登记簿				
收据				
现金支票				
转账支票				

单位负责人：　　移交人：　　监交人：　　接管人：

(5)物品移交表。

物品主要包括会计用品、公用会计工具等。

(6)出纳人员工作交接说明书。

交接说明书是把无法列入或尚未列入移交表中的内容做具体说明的文件。该说明书包括:交接日期、交接双方及监交人员的职务和姓名、移交清册页数、需要说明的问题和意见。出纳人员工作交接说明书如图 11-1 所示。

出纳人员工作交接说明书

原出纳员朱××，因工作调动，财务处已决定将出纳工作移交给金××接管。现办理如下交接：

一、交接日期：

××年×月×日

二、具体业务的移交：

1. 库存现金：×月×日账面余额××元，实存相符，月记账余额与总账相符；
2. 库存国库券：××万元，经核对无误；
3. 银行存款余额××万元，经编制"银行存款余额调节表"核对相符。

三、移交的会计凭证、账簿、文件：

1. 本年度现金日记账一本；
2. 本年度银行存款日记账二本；
3. 空白现金支票××张（××号至××号）；
4. 空白转账支票××张（××号至××号）；
5. 托收承付登记簿一本；
6. 付款委托书一本；
7. 信汇登记簿一本；
8. 金库暂存物品明细表一份，与实物核对相符；
9. 银行对账单1—10月份10本；10月份未达账项说明一份；
10. …………

四、印鉴：

1. ××公司财务处转讫印章一枚；
2. ××公司财务处现金收讫印章一枚；
3. ××公司财务处现金付讫印章一枚。

五、交接前后工作责任的划分：

××年×月×日前的出纳责任事项由朱××负责；××年×月×日起的出纳工作由金××负责。以上移交事项均经交接双方认定无误。

六、本交接书一式三份，双方各执一分，存档一份。

移交人：×××（签名盖章）

接管人：××（签名盖章）

监交人：××（签名盖章）

××公司财务处（公章）

××年×月×日

图11-1 出纳人员工作交接说明书